Alexander Swijasch

Was tun, wenn alles anders ist, als man möchte

Wega-Verlag
2002

Bücher von Alexander Swijasch sind allein in Russland in einer Auflage von über drei Millionen Exemplaren erschienen. Sie sind in Sprachen der baltischen Länder, in Tschechisch und Polnisch übersetzt. Der Autor ist außerdem als Leiter des Moskauer Gesundheitszentrums „Weg der Vernunft" und als Chefredakteur der gleichnamigen Zeitschrift bekannt. Bekannt ist er auch für seine Seminare und Vorlesungen.

Mit Hilfe der Methodiken von Alexander Swijasch lernen wir nicht nur unsere Probleme erkennen und lösen, sondern solche in der Zukunft gar nicht auftreten zu lassen. Dieser komplexen Aufgabe ist auch das vorliegende Buch gewidmet.

Übersetzung: Kyrill Kisselow
Korrektur: Susanne Veit
Lektorat: Alexander Markow
Satz: Daniel Samulevic
Druck: „Standartu spaustuve", Vilnius

ISBN 3-9808339-5-X

INHALTSVERZEICHNIS

EINFÜHRUNG

Sehr geehrte Leserinnen und Leser!

Erlauben Sie mir zunächst, einige Auszüge aus Briefen, die ich von russischen Lesern und Leserinnen meiner Bücher erhalten habe, wiederzugeben:

Schon seit einigen Jahren lese ich Literatur über Psychologie und versuche sie umzusetzen. Aber Ihr Buch "Was tun..." hat mich mit seiner Wucht, Präzision und Aussagekraft überwältigt. Es wird dutzende Bände anderer Ratgeber mit Sicherheit ersetzen. (Leonid Rotstein, Jerusalem)

Es war mir eine helle Freude, all meine Gedanken oder besser gesagt meine ganze Weltanschauung im Buch wiederzufinden. Eine Unterhaltung mit solchen Menschen, wie mit Ihnen, bereitet mir ein wahrhaft großes Vergnügen. Empfangen Sie meinen Dank für all Ihre Bücher. (Natalija Fligg, USA, North Corolina)

Im Orient gilt die Einfachheit der Darlegung als das höchste Ziel, denn die Einfachheit zeugt von klarer Einsicht. Diese Aussage passt gut zu Ihren Darlegungsprinzipien, und es ist mir eine wahre Freude! Ich möchte mich herzlich bedanken und Ihnen wünschen, auf dem Erreichten nicht stehen zu bleiben! (Wasiljewa Natalija Wladimirowna, Tula)

...das Buch "Was tun..." fesselt einen. Solche Bücher wie das Ihre können in bestimmten Lebensphasen Balsam für die Seele sein! (Konnow Sergej, Pensa)

Ich schreibe Ihnen, um meine große Dankbarkeit dafür auszusprechen, dass Sie eines der großen Geheimnisse des Lebens erkannt haben und nun versuchen, es anderen Menschen verständlich zu machen. Nachdem ich Ihre Bücher gelesen hatte, bekamen all meine Kenntnisse, Schlussfolgerungen und Vermutungen eine Art Systematik, in meinem Kopf ordnete sich alles wie auf Regalen, alles hatte plötzlich seinen Platz. Die Bücher halfen mir, Harmonie in der Beziehung zu meinen Nächsten zu finden. Ich danke Ihnen sehr dafür, dass es Sie gibt und für Ihre Sorge um den Menschen, Ihre Güte und Barmherzigkeit, Ihre Liebe. Denn nur ein Mensch mit diesen Eigenschaften ist im Stande solche Bücher wie die Ihren zu schreiben. (Charlamowa Marija, Moskau).

Ein herzliches Dankeschön für Ihre so einfachen und klaren Bücher. Sie sind großartige und zugängliche "Richtlinien des Handelns" für praktisch jeden Menschen. (Romanjuk Jewgenija Nikolajewna, Moskau).

Ihr Buch wurde zu einer Wende in meinem Lebens! Von ganzem Herzen will ich mich bei Ihnen bedanken, Alexander, und auch bei Gott – dafür, dass Er sie auf diese Erde geschickt hat. Dank Ihres wunderbaren Buches habe ich viel mehr über die Gesetze des Lebens erfahren. Sie lieferten mir Erklärungen, warum etwas so und nicht anders zu tun ist, und was passiert, wenn man es doch anders macht. (Barinow Alexander, Twer)

Ich *danke Ihnen, Alexander, für Ihr Buch "Was tun...", das so viel Interessantes und Wichtiges für mich beinhaltet. Die im Buch gegebene Information erlaubte es mir, an den Unterricht mit Schülern sowie die Schulung von Lehrern und Eltern auf neue Art und Weise heranzugehen. Jetzt ist es mein Handbuch!*

An schwierigen Tagen, wenn ich mich ungesund oder betrübt fühle, lese ich erneut oder blättere einfach nur im Buch... Und mir wird gleich besser! Ich glaube, Ihr Buch hat einen Schuss positiver Energie! (Jermalajewa O. A., St. Petersburg).

Nehmen Sie bitte meinen aufrichtigen Dank für Ihre Bücher entgegen! Sie haben mein Leben verändert. Meine Seele ist jetzt voller Ruhe und Glückseligkeit! Dank Ihnen erkannte ich, welch starken Engel ich habe, dem ich in schriftlicher Form hiermit meine Verbundenheit ausdrücken will. Ich danke Ihnen vielmals! Aber das ist erst der Anfang, denn ich habe den übergroßen Wunsch, die Welt und mich selbst besser zu erfahren, und die gesteckten Ziele auch entsprechend zu erreichen.

(Mellum Leonija Eduardowna, St. Petersburg).

Ihre Bücher, die mir zufällig in die Hände fielen, las ich mit großem Vergnügen; ich begriff, dass es gerade das war, was ich gebraucht und wonach ich gesucht hatte. In ihrer leichten und zugänglichen Form haben sie mir die Ursachen meiner Probleme, von denen ich keine Ahnung hatte, erklärt. Und vielen meiner Freunde und Bekannter haben sie ebenso gut gefallen; man sprach gar davon, dass viele Fehler im Leben vermeidbar gewesen wären, wenn es solche Bücher früher gegeben hätte. Vielen, vielen Dank!

(Bernazkij Pawel, Tambov).

Ich könnte noch ein weiteres Dutzend solcher und ähnlicher Auszüge aus Leserbriefen zitieren. Aber lasst uns zur Sache übergehen. Also, wovon handelt dieses Buch?

Wovon handelt das Buch?

Was tun, wenn alles anders ist, als man möchte? Wir alle wollen immer, dass alles im Lot ist. Arbeit, Haus, Familie, Kinder, Ausbildung, Urlaub/Freizeit – das macht für die meisten Menschen den Sinn in ihrem Lebens aus. Doch leider läuft nicht alles so, wie wir es gerne hätten. Konflikte in der Familie, Scheidungen, Probleme mit Kindern, Geldnot und andere unerfreuliche Begebenheiten vergiften unser Leben. Kommt denn aber der Mensch wirklich auf diese Welt, um sich zu quälen? Das behaupten zumindest einige Religionen und versprechen das Paradies lediglich im Himmel. Steht es damit wirklich so?

Zum Glück sieht die Sache etwas anders aus. Im Prinzip kommt der Mensch auf die Welt, um all das, was es auf ihr gibt, zu genießen – Liebe, Nahrung, Urlaub/Freizeit, Freunde, Kunst und alles andere. Natürlich kommt der Mensch auch in gewisse Umstände bzw. es werden Anforderungen an ihn gestellt, denen er gerecht werden muss. Wenn er das tut, dann wird er in diesem Leben alles haben, was er will!

Leider kennen die Menschen die Regeln, nach denen sie in unserer Welt leben sollen, nicht. In der Folge verletzen sie diese Regeln, und es werden sehr unangenehme Maßnahmen gegen sie ergriffen, um ihr falsches Verhalten zu korrigieren. So wird das Leben zur Qual.

Das bedeutet also: **um sich der Qualen zu entledigen, muss man die Verhaltensregeln im Leben erkennen und erfüllen.**

Wir versuchten in einer zusammenhängenden und zugänglichen Form **Anforderungen zu schildern, die das Leben (Natur oder Gott) an den Menschen stellt** und würden uns sehr freuen, wenn Sie unsere Ratschläge praktisch ausprobieren würden.

Voraussetzungen

Die meisten Anforderungen, die an das menschlichen Verhalten in unserer Welt gestellt werden, sind längst hinreichend bekannt. Sie bilden die Grundlage für fast alle Religionen. Das Problem liegt darin, dass sie in einer schwierigen und für uns nicht immer verständlichen Sprache geschrieben und auch nicht immer logisch begründbar sind. Scheinbar genügte das den Menschen früherer Zeiten. Heute aber genügt das Prinzip "glauben und ausführen" nicht; die Menschen wollen verstehen, wie und was passiert, warum man sich ausgerechnet an diese Regeln halten soll und nicht an andere.

Deshalb wäre es freilich nicht schlecht, die Anforderungen der Höheren Gewalt an den Menschen - in einer modernen Sprache - kennen zu lernen. Und gerade dies haben wir versucht in unserem Buch zu verwirklichen.

Dem Menschen ist alles zugänglich

Unsere Forschungen haben gezeigt, dass der Mensch mit gutem Recht vom Leben alle möglichen Geschenke erhalten kann; er kann sich alle möglichen Ziele setzen und nach ihnen trachten. Darüber schreiben eigentlich viele Autoren. Leider erreichen jedoch diese Empfehlungen nicht immer ihr Ziel. Wir aber haben die Ursachen dafür gefunden!

Vor jeglichem Tun müsste der Mensch **in eine harmonische Wechselbeziehung mit der Umwelt treten, sie so nehmen, wie sie ist**. Ist das Gegenteil der Fall, so verstößt der Mensch gegen viele Anforderungen, die von der Höheren Gewalt an sein Verhalten gestellt werden. Und der Verstoß führt zu einer Strafe in Form von Unannehmlichkeiten, Krankheiten, Unglücksfällen und so weiter. In unserem Buch finden Sie eine ausführliche Beschreibung dessen, wie man in unserer scheinbar unvollkommenen Welt ohne Ansprüche und sonstige negative Emotionen leben lernen kann.

Karmische Wechselwirkungen

In unseren Überlegungen kommen wir auf den Begriff des "Karma". Aber das wird nicht das Karma sein, vor dem uns viele Mystiker Angst einflößen. Oder besser gesagt, es wird dieses Karma sein, aber wir werden Ihnen eine neue Auffassung von der Unvermeidlichkeit und Vorherbestimmtheit der Geschehnisse im Leben geben. Es hat sich herausgestellt, dass es manchmal gar **nicht nötig ist, das ganze Leben lang für irgendwelche früheren Sünden zu büßen**. Manchmal reicht nur ein Tag, selbst um ein sehr schweres Karma (eine unheilbare Krankheit etwa) loszuwerden. Ja sogar eine Stunde. Eine Minute allerdings wohl kaum.

Selbst ein Mensch mit einem sehr schlechten Karma ist im Stande sein Leben rasch zu ändern, selbstverständlich nur wenn er es will. Das ist sein Recht. Wir treten hier als eine Informationsquelle auf, die Sie über die Anwendungsprinzipien der karmischen Strafe aufklärt. Wir berichten, Sie entscheiden. Wenn Sie wollen, dann greifen Sie zu und ziehen Ihren Nutzen daraus. Wenn nicht, dann vergessen Sie es einfach.

Unser Buch ist nicht materialistisch

In unseren Überlegungen gehen wir davon aus, dass abgesehen von der augenscheinlichen Welt, das heißt der Welt, die wir betasten, messen und beobachten können, eine nicht augenscheinliche Welt existiert. Zur nicht augenscheinlichen Welt zählen wir alles, was der Mensch über seine Umgebung nicht weiß. Vielleicht wird die Wissenschaft mit der Zeit alle Geheimnisse klären können, aber bis dahin ist es noch sehr weit. Wir wissen nicht, wie sie beschaffen und geordnet ist - darüber gibt es jede Menge Versionen. Wir gehen davon aus, dass eben diese nicht augenscheinliche Welt existiert und wir mit ihr in einer Wechselwirkung leben.

Deshalb werden wir in diesem Buch aktiv den Begriff der Höheren Gewalt gebrauchen. Wer das ist, wissen wir nicht. Es gibt eine ganze Menge von religiösen, philosophischen und esoterischen Modellen, die sich mit der Beschaffenheit der nicht augenscheinlichen Welt befassen. Für uns spielt das keine Rolle. In unserer Methodik gibt es keine Gebete und keine Aufrufe, bestimmte religiöse Rituale zu vollziehen – in diesem Sinne gleicht sie mehr einer materialistischen Theorie der Psychologie. Aber wir betrachten die Möglichkeiten der Zusammenwirkung mit der nicht augenscheinlichen Welt. In diesem Punkt ist unsere Theorie vollkommen unmaterialistisch. Deswegen wird sie auch von Atheisten angewandt.

Im Großen und Ganzen ist sie mit jeder Religion vereinbar, weil sie außerhalb einer jeden Religion steht. Sie können unbesorgt ihren religiösen Ritualen nachgehen und gleichzeitig diese Methodik anwenden. Widersprüche gibt es hier keine.

Anwendungsbereich

Die in diesem Buch dargelegten Erkenntnisse geben Erklärungen für nicht mehr als 80% aller in der Welt ablaufenden negativen Vorgänge. Die verbleibenden 20% können wir zu Sonderfällen zählen, die nach anderen Untersuchungen und Erklärungen verlangen. Damit sind keine Durchschnittsmenschen gemeint, sondern Menschen, deren Leben sich sehr stark vom Leben der großen Mehrheit unterscheidet. Das sind sehr reiche Menschen, einflussreiche Politiker, Superstars der Theater- und Filmbranche, pathologische Verbrecher, Geisteskranke, seit ihrer Kindheit Behinderte und viele andere. Ihr Leben und ihre Probleme sind höchst individuell und unterscheiden sich prinzipiell von den Problemen der meisten anderen Menschen. Deswegen haben wir sie aus unseren Betrachtungen ausgeschlossen.

Wir betrachten die **häufigsten negativen Emotionen**, die im Leben der meisten auftreten. Das sind Krankheiten, Misserfolge, Streitigkeiten im Privatleben, Unglücksfälle usw. Unsere Erfahrung zeigt, dass die im Buch vorgeschlagene Herangehensweise es erlaubt, sich sehr schnell, mit eigener Kraft und für immer von derartigen Problemen zu befreien.

Keine besonderen Anforderungen

Einer der Vorteile der vorgeschlagenen Methodik ist, dass sie dem Lebensrhythmus des modernen Menschen maximal angepasst ist. Für ihre Anwendung sind keine besonderen Fähigkeiten vonnöten, auch kein besonderer Ort oder Zeitpunkt. Unsere Übungen können Sie machen, wenn Sie unterwegs sind, im Bus, in der U-Bahn oder im Zug, wenn sie auf jemanden warten oder einfach ein wenig Zeit haben. Das ist sehr bequem, denn Sie brauchen nicht ihren gewohnten Lebensrhythmus zu ändern.

Das ist eine gekürzte Variante der ganzheitlichen Methodik zum Vernünftigen Leben

In diesem Buch finden Sie Grundideen, die wir die Methodik des Vernünftigen Lebens nennen wollen. In den letzten Jahren hat sie eine bedeutende Entwicklung durchgemacht. Wir haben eine Menge Empfehlungen und Anwendungsbeispiele in verschiedenen Lebensbereichen aufgearbeitet: Privatleben, Business, Kommunikation mit der nicht augenscheinlichen Welt und Gesundheit. Das alles wurde verallgemeinert unter dem Titel Methodik des Vernünftigen Lebens. Zu diesem Thema sind in Russland schon zehn Bücher erschienen.

Viele Leute aus der ganzen Welt haben diese Methodik angewandt, und ihr Leben hat sich zum Besseren verändert, unerreichbare Ziele wurden Realität.

Wenn Ihnen der Inhalt dieses Buches gefällt, können Sie sich mit der Zeit auch mit anderen Materialien unserer Methodik des Vernünftigen Lebens bekannt machen.

Ich möchte Sie mit diesem Buch auffordern, Ihr Leben ein wenig bewusster und glücklicher zu gestalten! Ich wünsche Ihnen viel Erfolg auf diesem Weg!

In aufrichtiger Hochachtung,
Alexander Swijasch

1. WÜNSCHE UND KARMA: GIBT ES WIDERSPRÜCHE?

Wenn sich die Menschen mehr Gedanken darüber machen würden,
dass Wissen Rettung ist, so gäbe es nicht einen Bruchteil aller Qual:
Das ganze menschliche Leid entsteht aus der Unwissenheit.

Agni-Yoga

Wünsche. Das Wort ist allen geläufig. Wir alle haben eine Menge Wünsche, deren Mehrheit beim guten Vorsatz bleibt – also im Stadium der Emotion. Ist es denn möglich, die meisten Wünsche wahr werden zu lassen? Uns scheint, diese Frage hat zwei Seiten.

Einerseits - **Gibt es denn prinzipiell die Möglichkeit**, Handlungen und Gedanken derart zu gestalten, dass alles, was wir uns wünschen, in Erfüllung geht?

Andererseits – **Haben wir das Recht, alles zu bekommen**, was wir uns wünschen? Führt das nicht zu einem Verstoß gegen irgendwelche höheren Gesetze, ganz zu schweigen vom Strafgesetzbuch?

Unsere Erfahrung zeigt, dass der Mensch zum Zauberer werden kann und das Leben dann all seine Vorhaben wahr werden lässt. Diese Technologie trägt den Titel „Methodik der Geschehensgestaltung mit Hilfe der Denkkraft“ und wir werden davon im letzten Kapitel unseres Buches berichten. Viele Menschen haben diese Methodik bereits zur Erreichung kleinerer, laufender Ziele intuitiv angewandt. Mit größeren Zielen hatten sie allerdings Schwierigkeiten. Warum?

Beim Nachgehen dieser Frage kamen wir mit dem Begriff ”Karma” in all seinen Erscheinungsformen in Berührung. Aber darauf kommen wir später noch zu sprechen.

Die bedeutendste Schlussfolgerung, die wir während der Nachforschung zu dem Problem des Ziele Erreichens gezogen haben, ist folgende:

Die Grundursache dafür, dass Wünsche nicht verwirklicht werden, liegt darin, dass sich der Mensch im Konflikt mit seiner Umwelt befindet. Und eine der Hauptbedingungen für das Empfangen von Hilfe seitens der Höheren Gewalt ist die Fähigkeit, die Welt so zu akzeptieren, wie sie ist, ungeachtet ihrer offensichtlichen – wie wir meinen - Unvollkommenheit.

Es muss darauf hingewiesen werden, dass es sehr schwer ist, solch eine Position in unserer Welt einzunehmen, in einer Welt, die sich immer wieder in Arme und Reiche, Gläubige und Atheisten usw. teilt. Aber es ist eine **unbedingte Voraussetzung**. Und damit es Ihnen leichter fällt sie anzunehmen, gehen wir der Frage nach, wozu denn der Mensch überhaupt auf diese Welt kommt.

1.1. Wozu kommen wir auf diese Welt?

In fast jeder Religion finden wir Hinweise darauf, dass der Mensch seine Existenz nicht selbst in die Hand nehmen, sondern sie Gott oder einer anderen Höheren Gewalt überlassen soll. Im christlichen Neuen Testament treffen wir auf das Gebot: "Ihr sollt euch nicht Schätze sammeln auf Erden, wo sie die Motten und der Rost fressen und wo Diebe einbrechen und stehlen." Im Daoismus spricht man davon, dass unsere Welt Maya, eine Illusion, ist und dass keine Notwendigkeit besteht, sich zu mühen, um Erfolg zu haben. Derartige Behauptungen lassen sich auch in jeder anderen Religion finden. Freilich ist vollkommen klar, dass all diese Leitsätze unseren Überzeugungen und Lebenserfahrung widersprechen. Wir alle wissen nur zu gut, dass wir ohne jede Tätigkeit früher oder später vor Hunger sterben würden. Kann es sein, dass die Ahnen ihre Empfehlungen an besondere Menschen richteten, z. B. an Geistliche? Dem ist nicht so. Jeder ist angesprochen. Um das jedoch zu erkennen, ist es nötig zu verstehen, wozu der Mensch auf diese Welt kommt.

Reinkarnationen

Bei der Betrachtung dieser Frage gehen wir von einer nicht atheistischen Position aus, welche die **Möglichkeit einer mehrmaligen Wiedergeburt von Menschen in einem anderen Körper** beinhaltet. Diese Erscheinung heißt "Reinkarnation", und sie bedeutet, dass ein Teil des Menschen – nämlich seine unsterbliche Seele - nach dem Tod in einen anderen Körper übergehen kann. Dies geschieht mehrmals, solange die Seele den Wunsch und das Bedürfnis danach hat. Wodurch es aber hervorgerufen wird, wollen wir nun im Folgenden betrachten.

Unserer Ansicht nach könnte sich der Mensch in seiner höchsten Substanz – also rein in seiner unsterblichen Seele – nicht auf der Erde verkörpern, sondern müsste für die Ewigkeit auf dem Niveau der sogenannten "Feinen Welt" bleiben. Viele von ihnen bevorzugen es aber, auf die Erde zu kommen, wo sie ganz und gar kein schönes Leben erwartet.

Die Mehrschichtigkeit der Feinen Welt

Die Ursache dafür ist, dass die meisten Seelen unter nicht gerade bequemen Bedingungen existieren. Aus verschiedenen religiösen Quellen ist uns bekannt, dass die **Feine Welt mehrschichtig ist**. Dabei ähneln die unteren Schichten den Kommunalwohnungen irgendwo in einem Elendsviertel. Die untersten Schichten der Feinen Welt werden im Christentum als "Hölle" bezeichnet.

Das Leben in den oberen Schichten kann man mit dem Leben in einer eigenen Villa auf einer Insel in einem südlichen Meer vergleichen. Daher will jede Seele zweifellos den höchstmöglichen Platz einnehmen. Welche Schicht eingenommen werden kann, hängt nun davon ab, wie viele "Sünden" die Seele beim Verlassen des Körpers, also beim Sterben, begangen hat. Das wiederum steht in direkter Verbindung zu dem allgemein bekannten Begriff "**Karma**". Deshalb setzen wir uns mit ihm näher auseinander.

Karma

Der Begriff "Karma" stammt aus dem Altertum. Aus dem Sanskrit übersetzt bedeutet er "Handlung". Schon Menschen in ferner Vergangenheit haben somit verstanden, dass gerade die eigenen Handlungen (Taten) ihre Vergangenheit, Gegenwart und Zukunft bestimmen.

Zum Problem Karma wurden auch in Europa viele Bücher geschrieben, angefangen von Theosophen und Mystikern bis hin zu unzähligen Veröffentlichungen moderner Autoren, wobei ganz unterschiedliche Herangehensweisen gewählt wurden. Manche betrachten das Karma aus der Perspektive des Yoga; es entstand sogar eine spezielle Richtung: das Karma-Yoga. Andere betrachten das Karma aus dem Blickwinkel der Religion, Bioenergetik, Physiognomie, Esoterik oder sonstigen Erkenntnissen. Dabei werden unter Karma hauptsächlich **Krankheiten und Probleme, mit denen der Mensch auf unsere Welt kommt**, verstanden. Esoteriker nennen es "reifes" oder "ererbtes Karma". Dementsprechend könnte jetzt der Leser bzw. die Leserin den Eindruck einer vollkommenen Vorbestimmtheit und Ausweglosigkeit des ganzen Lebens erhalten. Zum Glück steht die Sache anders.

Unsere Erfahrung zeigt, dass die meisten Probleme im Leben der Menschen wegen solcher Fehler auftreten, die **sie schon im fortgeschrittenen Alter selbst verursachen**. Die Menschen ignorieren einige einfache Anforderungen, an die sie sich ihr ganzes Leben lang halten sollten, und als Resultat kommt es zu verschiedenen Unannehmlichkeiten, Problemen, Krankheiten und sogar zum vorzeitigen Tod. Aber das alles ist keine Folge irgendwelcher Begebenheiten früherer Leben, nicht im Geringsten! Der Mensch selbst verursacht Probleme und Krankheiten, wenn er der Welt falsch begegnet, wenn er immer nur der einen Seite des Lebens zu viel Bedeutung beimisst, die anderen Varianten aber als unzulässig abtut. In der Esoterik nennt man solche Probleme "erworbenes Karma", wir werden uns vornehmlich mit ihm beschäftigen.

Das Leben ist mannigfaltig, doch der Mensch akzeptiert es in seiner Vielfalt nicht. Er besitzt irgendwelche Ideale, hat Erwartungen in Bezug auf das Leben und hält es für inakzeptabel, wenn seine Erwartungen scheitern. In unserer Methodik werden solche Ideen, denen übermäßige Bedeutung zuteil wird, die Bezeichnung "Idealisierung" tragen.

Der Begriff "Idealisierung"

Idealisieren bedeutet, einem für sie wichtigen Lebensaspekt zusätzliche, überflüssige Bedeutung beizumessen. Dieser Überschuss äußert sich in **lang anhaltenden negativen Emotionen**, wenn Ihr Leben mit Ihren Erwartungen nicht übereinstimmt.

Eine Idealisierung entsteht zum Beispiel dann, wenn es in Ihrem Kopf ein ideales Modell dafür gibt, wie sich ein Ehemann, eine Ehefrau, ein Kind, ein Bekannter, ein Vorgesetzter, ein Beamter usw. zu verhalten haben. Sie wissen ganz genau, wie sein/ihr Verhalten aussehen soll. Er/sie aber benimmt sich auf eine etwas oder ganz andere Art und Weise. Das heißt, **er/sie entspricht nicht dem Ideal, das es in Ihrer Vorstellung gibt**. Sein/ihr Handeln und Benehmen entsprechen nicht Ihren Vorstellungen. Deswegen werden Sie aggressiv und versuchen ihn/sie zu zwingen, das zu tun, was Sie für richtig halten. Oder Sie verfallen in Wehmut und Verzweiflung, weil er/sie sich nicht richtig benimmt. In beiden Fällen **wollen Sie diesen Menschen** (und durch ihn auch die ganze Welt) **nicht akzeptieren**, wie sie eben in Wirklichkeit sind, weil sie nicht mit Ihrer Idealvorstellung konform gehen.

Idealisieren lassen sich nicht nur bestimmte Menschen, sondern auch Situationen in der Welt allgemein. Zum Beispiel:

"Die Regierung handelt falsch und stellt das Land vor den Abgrund." "Politiker denken nur an sich selbst - um das Volk kümmern sie sich nicht." "Religiöse Fanatiker sind verrückt geworden und geben ihr Leben im Kampf für ihre absurden Ideen hin."

Solche Idealisierungen, die unser Leben vergiften, finden wir jede Menge. Wir wollen sie in zwei Arten teilen: offenbare und verborgene...

Formen von Idealisierungen

Offenbare Idealisierungen treten dann zu Tage, wenn etwas in Ihrem Leben eine lang anhaltende Gereiztheit oder ein anderes negatives Gefühl hervorruft. Der Grund dafür kann alles Mögliche sein: Arbeit, Wohnung, Fernsehprogramm, Regierung, Vorgesetzter oder Arbeitskollege, Schwiegermutter, Ehepartner, Auto und so weiter und so fort. Wenn es ein Objekt gibt, das Sie ständig gereizt macht, bedeutet das, dass Sie dieses Objekt (den irdischen Wert) idealisieren. Das heißt, Sie wissen, wie dieses Objekt sein soll. Und wenn es so nicht ist, dann sind Sie damit unzufrieden.

Die zweite **Form der Idealisierung ist die verborgene**. Sie tritt auf, wenn keine ständige Unzufriedenheit in Bezug auf irgendeinen Wert vorliegt. Manchmal ahnen Sie nicht einmal, dass eine Idee in Bezug auf Sie oder andere Menschen für Sie einen großen Wert hat. Sollte jedoch **gegen diese Idee in irgendeiner Form verstoßen werden, kommt es in Ihrer Seele zweifelsohne zu einem Aufflammen der Unzufriedenheit bzw. zu Aggression, oder Sie empfinden eine vollkommene Sinnlosigkeit Ihrer Existenz**. Sie können beispielsweise feststellen, dass für Sie ein Leben ohne Ihre Lieblingstätigkeit oder ohne Ihre Familie gar nicht vorstellbar wäre.

Um die verborgene Idealisierung aufzudecken, sollten Sie sich Ihr Leben vorstellen und dann nacheinander verschiedene Werte aus ihm herauslösen. Welche Werte konkret – dazu später. Ruft das Fehlen eines Wertes keine Reaktion hervor, so "hängen" Sie nicht an ihm. Wenn Sie sich aber Ihr Leben ohne diesen Wert (sei es Familie, Arbeit, Sex, Geld, Macht usw.) nicht vorstellen können, so messen Sie ihm ganz bestimmt überschüssige Bedeutung bei. Sie werden von Ihrer verborgenen Idealisierung nichts ahnen, solange Sie nicht in eine Situation geraten, in der die für Sie bedeutende Idee zu zerbröckeln beginnt (zum Beispiel: Sie sind an Sauberkeit gewöhnt und geraten für längere Zeit in eine Lage mit viel Unordnung und Schmutz, was lang anhaltende Gereiztheit hervorruft).

Der Begriff "überschüssig" bedeutet, dass **Sie Ihr Modell vom Aufbau der Welt** (zum Beispiel, dass die Menschen ehrlich sein sollen, die Kinder sich um ihre Eltern kümmern müssen, die Menschen einander nicht beleidigen dürfen usw.) **übermäßig hoch bewerten** und meinen, die Welt könne auf keine andere Weise, in keiner anderen Variante existieren. Sie wissen für sich selbst, wie die Welt gestaltet sein soll und können sich nicht vorstellen, dass sie auch anders sein könnte.

Das bedeutet aber auch, dass früher oder später **dieser Wert zerstört oder Ihnen entrissen wird**, damit Sie nicht vergessen, dass nur Gott es ist, Der nimmt und gibt. Und Er entzieht Ihnen diesen Wert, weil Sie mit etwas in der Welt unzufrieden sind. Schließlich ist diese Welt von Gott geschaffen. Das heißt, Sie sind mit ihr nicht zufrieden, Sie sündigen, und Er **weist Sie auf Ihre Fehler hin**. Er bestraft Sie nicht wie Sklaven, Diener oder ungehorsame Kinder. Er weist einfach darauf hin, erzieht, indem Er sich an Sie wie an ein vernünftiges Wesen wendet. Sobald Sie Seine Andeutungen erkennen, hört diese Einwirkung auf Sie augenblicklich auf.

Wenn der Mensch also etwas idealisiert, gerät er unter die **karmische "Erziehung"**. Diese "Erziehung" erfolgt durch **Zwangszerstörung des idealisierten irdischen Wertes**.

Wenn Sie zum Beispiel zu sehr in Ihren Partner/Ihre Partnerin verliebt sind und ihn/sie idealisieren, wird er/sie Sie höchstwahrscheinlich bald verlassen (oder er/sie verliebt sich in eine andere/einen anderen). Wenn Sie irgendwelche Aspekte des Familienlebens idealisieren, so wird Ihr Ehepartner diese Ansichten über das Familienleben nicht teilen. Und das gilt auch für andere Fragen.

Um im vollen Umfang zu erklären, warum das alles geschieht, bieten wir Ihnen folgendes Modell an.

Modell des Karmagefäßes

Stellen wir uns vor, dass alle negativen Emotionen, die wir empfinden, wenn das Leben nicht unseren Erwartungen entspricht, als **Flüssigkeit in einem speziellen Speicher, dem ”Karmagefäß” (auf dem Rückumschlag des Buches schematisch dargestellt)**, zusammenlaufen. Es sei gesagt, dass das Karma, wie es traditionell verstanden wird (also das ”reife” Karma = Probleme aus den früheren Leben), sich dort nicht ansammelt. Im Speicher befinden sich lediglich unsere negativen Emotionen, also das, was zu einem erworbenen Karma zählt.

Diese Flüssigkeit fließt von oben durch ein bestimmtes Rohr in das Karmagefäß und sammelt sich dort als Sinnbild für die **Menge der angehäuften ”Sünden” eines Menschen**. Unter diesen ”Sünden” verstehen wir nur verschiedene Formen von negativen Emotionen (man kann diesen Speicher auch ”Emotionsspeicher” nennen – wie er auch in der letzten Variante unserer Theorie genannt wird). Deshalb sammelt sich in diesem Karmagefäß nur das, was wir erworbenes Karma (in diesem Leben) bezeichnen.

Gleichzeitig befinden sich am Gefäßboden Abflüsse, durch welche die Flüssigkeit aus dem Gefäß proportional zu unseren Verdiensten vor Gott abfließt. Der Abfluss dient der ”Reinigung des erworbenen Karmas”.

Wenn sich das Gefäß bis zu einem bestimmten Niveau füllt (sich eine bestimmte Menge von ”Sünden” ansammelt), so wird der Mechanismus der karmischen Erziehung in Gang gesetzt, und dem Menschen wird auf die eine oder andere Weise etwas weggenommen, dem er überschüssige Bedeutung beimaß.

Dieser Mechanismus wird im nächsten Paragraph detaillierter betrachtet, jetzt aber beschäftigen wir uns weiter mit der Frage, welche Ziele der Mensch auf Erden hat.

Unsere Welt ist das Fegefeuer

Wie wir schon erwähnt haben, kann sich die menschliche Seele im Prinzip die ganze Zeit in der Feinen Welt aufhalten und nicht in einen Menschenkörper übergehen. Auch können wir als selbstverständlich annehmen, dass jede Seele eine höhere Schicht bewohnen will. Und schließlich wurde auch schon erwähnt, dass jede Seele ihre Schicht entsprechend dem Füllgrad ihres Karmagefäßes zum Zeitpunkt des Todes einnimmt.

Zwar ist es in der Feinen Welt wahrscheinlich möglich, den Füllgrad des Karmagefäßes zu verringern, doch wäre dafür sehr viel Zeit nötig. Die Chancen, dort zu verhandeln, um der Flüssigkeit Abfluss zu verschaffen, sind äußerst gering. Wesentlich schneller lässt es sich im menschlichen Körper erreichen.

Unser Planet ist ein Ort, an dem **es möglich ist, den Füllgrad des Karmagefäßes auf schnelle Weise zu verringern**. Anders gesagt ist unser Planet das "Fegefeuer", wo man seine einstigen Sünden abbüßt. Gerade deswegen streben die Bewohner **der unteren Schichten der Feinen Welt** zu unserer Welt, gelangen hier aber entsprechend ihrer früheren Fehler in Länder und Familien, die von Armut, Krieg, Krankheiten, Gewalt usw. betroffen sind. Eine so geartete Umgebung verspricht zwar für gewöhnlich weder Güter noch Vergebung, wenn sich aber der Mensch unter diesen Bedingungen nicht über die Welt erzürnt und erbost, so verringert sich der Füllgrad seines Karmagefäßes erheblich.

Für reine Seelen, welche die **oberen Schichten der Feinen Welt** bewohnen, ist unsere Erde ein Ort, an dem sie **reale Empfindungen haben** und ein reales Leben genießen können. Daher kommen sehr viele reine Seelen auf die Erde, obwohl sie auch in der Feinen Welt bleiben könnten. Sie suchen sich einen Körper für die Reinkarnation aus und machen sich mit den besten Absichten auf den Weg. Viele von ihnen verpflichten sich,

den Menschen Gutes und Wohltaten zu erweisen, sie zu heilen oder aufzuklären.

Andere Bewohner der oberen Schichten **gehen auf Exkursion**, um einmal all das empfinden zu können, wozu nur Menschen und nur in unserer Welt in der Lage sind: körperliche Liebe, das Genießen von Essen und Wein, das Erfahren von menschlichen Beziehungen, Reichtum und schöpferischer Arbeit. Eben diese Seelen fallen in Familien mit beträchtlichem Wohlstand, werden schon nach der Geburt reich und genießen das Leben, ohne je mit materiellen Problemen fertig werden zu müssen - vorausgesetzt, sie verstoßen während der Exkursion nicht gegen die Regeln.

Leider erinnern sich nicht alle Seelen, die in unser Fegefeuer kommen, an ihre Versprechungen und gute Absichten. Der Mensch wird von den irdischen Leidenschaften ergriffen, er vergisst, dass er **hier nur auf einer kurzen Exkursion ist**. Kurz deshalb, weil unsere 70 bis 90 Jahre nicht mehr als einen Augenblick im Vergleich zu den Millionen von Jahren einer Seelenexistenz darstellen.

Unser Leben ist eine Exkursion

Wenn die Seelen als Menschen verkörpert auf die Erde kommen, wird ihnen ein Geleitwort mit auf den Weg gegeben, wie etwa: *"Vergessen Sie nicht, dass Sie sich auf eine Exkursion begeben, fast wie in ein Museum. Verhalten Sie sich dementsprechend."*

Daher **ist das Leben eine Exkursion**. Aber es ist nicht nur eine Exkursion in ein gewöhnliches historisches Museum, wo sich alle Ausstellungsobjekte hinter verglasten Vitrinen befinden und man sie nur betrachten, aber nicht anfassen darf. Es handelt sich um ein modernes Museum, eines für Technik etwa, wie es sie heutzutage in den hochentwickelten westlichen Ländern gibt. Jeder Besucher kann dort die Ausstellungsobjekte anfassen und mit praktisch jedem Exponat spielen. Die ausgestellten Geräte demonstrieren verschiedene physikalische Effekte – Echo, Interferenz, Diffraktion, Magnetismus, Laserstrahlung usw. Der Besucher kann an alle Hebel und Griffe fassen, alle Knöpfe drücken und jedes Exponat in Betrieb nehmen.

Nachdem man sich eine Eintrittskarte in so ein Museum besorgt hat, erhält man das Recht mit allen Exponaten uneingeschränkt lange (aber natürlich nur im Rahmen der Öffnungszeiten) zu spielen. Aber man kann die Objekte nicht mit nach Hause nehmen, sie gehören einem nicht. Man kommt, benutzt sie und geht wieder.

Genauso steht es auch mit der Seele eines Menschen. Vor der Abreise auf die Erde sagt man ihr: ”*Wir geben dir die Möglichkeit, Mensch zu werden. Geh hin, schau dir alles an,* ***probiere alles aus****. Wenn du kannst, büße deine Sünden. Vergiss aber nicht, dass man dich nur für eine bestimmte Zeit dorthin schickt. Das alles ist nicht dein, die Welt gehört dir nicht. Benutze alles, was es gibt. Aber verletze die Verhaltensregeln für Museumsbesucher nicht, und sei demjenigen dankbar, der dir dort Einlass verschaffen hat.”*

So lauten die Regeln, und jeder Mensch hat sie einzuhalten.

Leider vergisst unsere Seele gewöhnlich beim Eintreffen in der Welt dieses Geleitwort. Und sobald sie sich in der realen Welt befindet, **hält sie diese für die einzige**. Das lehrt uns der Atheismus und das ganze Bildungssystem. Und dennoch erinnert uns jede Religion daran, dass all das nicht unser ist, dass alles Gott gehört. Doch diese Erinnerung findet selten ein offenes Ohr.

Die Menschen wollen es aus irgendeinem Grund nicht wahrhaben. Und sie geben sich der Welt ganz hin, ”hängen” an ihr. Wenn es um Liebe geht, dann geben sie sich der Liebe ganz hin, weil sie glauben, es wäre ihre eigene Liebe. Oder sie werden vom Geld besessen. Oder von der Macht. Und sobald eine übermäßige Leidenschaft für etwas entsteht, vergisst der Mensch, wer die Welt erschaffen hat und wer sie regiert. Dabei ist gar **keine besondere Liebe zu Gott erforderlich**. Der Mensch sollte nur nicht vergessen, dass alles Gott gehört, und dementsprechend sollte er sich benehmen: **Nimm es, spiele damit und lege es wieder an seinen Platz zurück**.

Genauso steht es mit allen anderen Dingen, die man übermäßig lieb gewinnt, sei es in Bezug auf die materielle Welt, geistige Eigenschaften, Fähigkeiten, schöpferische Arbeit oder was auch immer. Doch im realen Leben wird für gewöhnlich nicht nach den Regeln gespielt. Bekommt der Mensch die Gabe in die Wiege gelegt, gut malen zu können, wird er von Hochmut erfüllt: ich bin außergewöhnlich, ich bin ein großer Schöpfer, ich stehe über allen. Das ist eine typisch falsche Überzeugung; der Mensch füllt sein Karma erneut auf, anstatt es zu leeren. Er beginnt, seinen Fähigkeiten und Interessen übermäßige Bedeutung zuzuschreiben, und daraus resultieren negative Emotionen. In der Folge öffnet sich ein entsprechendes Ventil seines Karmagefäßes, es beginnt sich weiter zu füllen. Der Mensch kam, um das Maß seiner "Sünden" im Gefäß zu verringern, statt dessen aber fügt er nur neue hinzu.

Wenn der Mensch natürlich seine besonderen Fähigkeiten mit Freude ausnutzt und keine negativen Emotionen bei jedem Scheitern hat, dann sollten auch keine besonderen Probleme auftreten – er braucht nicht "erzogen" zu werden. Nur kommt dies leider sehr selten vor. Praktisch alle Menschen verstoßen auf die eine oder andere Weise gegen die Regeln des Lebens, und die Höhere Gewalt muss dann alles wieder korrigieren.

Wir werden von einem "Aufseher" kontrolliert

Die höchsten Vertreter der Feinen Welt haben wohl alle Hände voll zu tun und höchstwahrscheinlich einfach keine Zeit, immer auf unsere Gedanken, Emotionen und Taten zu achten. Daher hat die weise Natur schon vorgesorgt: ein Mechanismus **direkt in der Seele eines jeden Menschen** verfolgt ständig unsere Gedanken und Taten und bestimmt dementsprechend den Zulauf der Flüssigkeit in das Karmagefäß. Wie dieser Mechanismus funktioniert und wer Buch über unsere Sünden führt, besprechen wir etwas später. Vorläufig aber wollen wir uns damit zufrieden geben, ihn **"Aufseher"** zu nennen.

Er ist es, der die **Gedanken und Taten des Menschen beobachtet**, das Ausmaß der Flüssigkeit im Karmagefäß bestimmt und die Entscheidung trifft, was aus dem Menschen werden soll.

Einflüsse beim Vollwerden des Karmagefäßes

Sofern das Karmagefäß nicht mehr als halbvoll ist, stellt der "Aufseher" keine großen Anforderungen an den Menschen. Er führt ein angenehmes Leben, er freut sich und alle seine Wünsche gehen in Erfüllung. Das ist das **Erfolgs-Niveau** - die Höhere Gewalt hilft dem Menschen bereitwillig im Leben und lässt alle seine Wünsche wahr werden.

Sobald man aber beginnt, etwas zu idealisieren, öffnet sich ein entsprechendes Ventil und das Karmagefäß füllt sich. Wenn das Gefäß dann **zu zwei Dritteln voll** ist, greift der "Aufseher" zu seinen "Erziehungsmaßnahmen". Er macht dem Menschen Andeutungen, wie etwa: *"Meine Dame/Mein Herr, Sie müssen wohl vergessen haben, dass Sie nur zu Besuch auf dieser Welt sind. Wenn Sie eine Eintrittskarte gekauft haben und hierher gekommen sind, warum meinen Sie dann, dies alles gehöre Ihnen? Legen Sie zurück, was Sie genommen haben."* Das heißt, dem Menschen werden schon ziemlich **klare Signale** gesendet.

Wenn er sie nicht aufnimmt, dann verschlechtert sich seine Situation wesentlich.

Im Prinzip wurden solche "erzieherischen" Signale schon vorher verschickt, jetzt aber verstärken sie sich und werden dauerhaft. Je nachdem, worauf sich die Idealisierung bezieht, bekommt man vorübergehend Schwierigkeiten auf der Arbeit, es kommt zu Problemen in verwandtschaftlichen oder freundschaftlichen Beziehungen, zu Skandalen in der Familie, man wird bestohlen oder gerät in einen Autounfall (mit noch glimpflichem Ausgang) usw.

Wenn der Mensch das nicht als persönliches Signal wahrnimmt und nur als Zufall abtut, wenn also sein Benehmen das gleiche bleibt, so erhält er eine ernstere Warnung. **Es gibt keine Zufälle in unserer Welt – in dieser Hinsicht ist sie streng determiniert und vorherbestimmt**. Alles, was mit Ihnen passiert, wird von Ihrem eigenen "Aufseher" organisiert und sollte Ihnen eine Mahnung sein.

Natürlich können Sie diese Überlegungen leicht abtun und alle negativen Geschehnisse dem Zufall zuschreiben. Dann aber ähneln Sie einem Wilden, der längst bekannte Erkenntnisse der Menschheit nicht einsehen will, und den Blitz und das vorbeifliegende Flugzeug zu ein und demselben Wunder erklärt.

Wenn Ihnen etwas zustößt, so können Sie sich sicher sein, dass Ihr eigener "Aufseher" beispielsweise mit dem "Aufseher" eines Diebes eine Abmachung darüber traf, gerade Ihr Geld zu stehlen. Oder er vereinbarte mit dem "Aufseher" eines Banditen, ausgerechnet Ihr Auto zu entführen. Damit **wird Ihnen in Erinnerung gerufen, dass Sie in Ihrem Leben etwas falsch machen, dass Sie gegen irgendwelche Gesetze oder Regeln verstoßen**.

Aber gewöhnlich will das der Mensch nicht verstehen und lebt wie gehabt weiter. Kaum wird das Auto entführt, ist schon ein anderes gekauft. Mit dem neuen Auto passiert ein Unfall, man wird verletzt, und dennoch... alles wird dem Zufall oder anderen Menschen angelastet. Was soll's ?! Ist ja nur ein Autounfall, daran ist immer ein anderer Schuld. Zur Sicherheit ein Besuch beim Seelenheiler, der feststellt, dass der Unfall Folge eines Fluches oder negativer Einwirkungen ihres Feindes war.

Es ist schon möglich, dass es tatsächlich ein Fluch oder eine negative Einwirkung von ihrem Feind war. Aber **beschuldigen Sie nicht andere**. Der Fluch kam von Ihrem eigenen "Aufseher". Wenn Sie die Regeln dieser Welt nicht verletzen, kann Ihnen ein Fluch nichts anhaben.

Wenn aber ein Seelenheiler einen Fluch findet, der auf Ihnen lastet, so können Sie sich mit seiner Hilfe gegen ein bestimmtes Honorar gewiss davon befreien lassen. Im Rahmen unserer Terminologie würde das heißen, er lässt **einen Teil der Flüssigkeit aus dem Karmagefäß abfließen.**

Manchmal mischen sich diese Heilmänner wirklich in das Schicksal eines Menschen ein und zapfen einen Teil der Flüssigkeit ab, stehen also sozusagen Ihrem "Aufseher" gegenüber. Und manchmal lassen sie die Flüssigkeit gar **in ihr eigenes Karmagefäß** ablaufen, weshalb dann das Karmagefäß der Seelenheiler sehr schnell überläuft und sie früh sterben. Solche Fälle gab es in den letzten Jahren zur Genüge.

Wenn sich das Karmagefäß **zu mehr als 80% füllt**, so sendet der "Aufseher" ziemlich starke Signale. Wie wir schon erwähnten, bekommt der Mensch Schwierigkeiten auf Arbeit, die Familie zerfällt, es passieren Unglücksfälle. Alles, **woran der Mensch in dieser Welt übermäßig hängt, beginnt zu zerbröckeln**. Ein Geschäftsmann wird bankrott, es folgen Schulden, und selbst noch so große Anstrengungen bleiben ergebnislos. Das Privatleben einer Hausfrau geht in die Brüche, es entstehen Probleme mit den Kindern, Verwandten usw. Wenn der Mensch diese Signale immer noch nicht wahrnimmt, wird er von schweren Krankheiten heimgesucht. Wir treffen praktisch tagtäglich auf Signale in Form von Krankheiten – wegen allgemein verbreiteter falscher Gedankengänge sind vollkommen gesunde Menschen kaum zu finden.

Da die heutige Medizin mit den Leiden des physischen Körpers im Großen und Ganzen effektiv zurande kommt, fällt es einem "Aufseher" hin und wieder schwer einen Menschen (zum Beispiel einen Sportler) krank werden zu lassen. Aber der "Aufseher" hat viele Möglichkeiten Mahnungen zu schicken. Wenn es mit der Krankheit nicht klappt, so **ereilt den Menschen ein anderes schweres Schicksal**.

Ein Sportler auf dem Höhepunkt seiner Karriere hängt zum Beispiel oft außergewöhnlich an seinem Ruhm und seiner Berühmtheit. Er beginnt auf die anderen Menschen verächtlich herabzusehen. Wie Sie sicherlich schon verstanden haben, ist das eine offensichtliche **Verletzung der Verhaltensregeln eines Touristen auf Exkursion**. Als Resultat öffnet sich ein entsprechendes Ventil, das Karmagefäß füllt sich, das Leben des einst erfolgreichen Sportlers beginnt langsam zusammenzubrechen. Er fällt vom Gipfel des Erfolges, keiner will ihn anstellen, die Menschen zeigen ihm den Rücken. Er meint jetzt, das Leben sei verloren. In Wirklichkeit aber erfolgt eine karmische "Erziehung" durch Erniedrigung seines eigenen Hochmuts, wegen seines verächtlichen Verhaltens den Mitmenschen gegenüber. Er wird in die Lage der Menschen versetzt, die er verachtete. Wenn er das einsieht und um Vergebung für seine Fehler bittet, verändert sich seine Situation schnell zum Besseren.

Üblicherweise sieht der Mensch das aber nicht ein. Er versteht nicht, dass nur die Höhere Gewalt ihm erlaubt hatte, an dem irdischen Spiel "Sport" teilzunehmen und das Siegerpodest zu erklimmen. Sie war es auch, die ihn auf den Boden der Realität zurückbrachte, um ihm klarzumachen, dass er ebenso nur ein Wanderer im Leben ist, wie all die Menschen, die er verachtete.

Wenn eine Seele auf die Erde kommt, **wird ihr erlaubt, alle menschlichen Spiele zu spielen**, sei es Business, Liebe, Krieg, Kunst usw. Sie darf nur nicht vergessen, dass sie auf die Erde wie in ein Museum gekommen ist oder besser gesagt, wie **in ein großes Naturschutzgebiet**.

Einwirkungen beim vollen Karmagefäß

Hier wollen wir vorerst mit den karmischen "erzieherischen" Einwirkungen fortsetzen. Wenn sich das Karmagefäß fast bis an den Rand gefüllt hat (90-95%), dann leidet der Mensch an unheilbaren Krankheiten oder hat andere beträchtliche Schwierigkeiten, wie z.B. ins Gefängnis zu kommen. Wenn der Mensch auch an diesem Punkt nicht einsieht, dass er die Verhaltensregeln für einen Touristen im Park verletzt hat, und die Hoffnung nur auf Ärzte, Medizinmänner oder seinen eigenen Sicherheitsdienst setzt, dann werden (unserer Ansicht nach) extreme Maßnahmen ergriffen.

Auf dieser Stufe wird das Karmagefäß **überfüllt** und die Geduld des "Aufsehers" geht zu Ende. Wenn der Mensch noch rechtzeitig einsieht, dass er sich in dieser Welt nicht richtig verhält und sowohl seinen Standpunkt als auch sein Benehmen ändert, dann schließt sich das Ventil bald wieder und der Füllgrad sinkt vorläufig. Folglich verschwindet die Krankheit – und solche Fälle einer Selbstheilung bei Krebs oder AIDS kommen gar nicht so selten vor.

Wenn sich aber die Psychologie eines Menschen und sein Verhalten in der Welt nicht ändern, so wird ihm das Leben genommen – er stirbt.

Aber er stirbt mit einem überfüllten Karmagefäß. Ein volles

Gefäß ist schwer, deswegen **bleibt die Seele in den unteren Schichten der Feinen Welt hängen** – praktisch in der Hölle. Und dementsprechend bekommt sie das, was ihr zusteht. Hatte der Mensch in seinem Leben etwas idealisiert und wurde ihm deswegen das Leben genommen, so kommt er in eine Gesellschaft ihm gleicher Menschen (Seelen). Wenn er in seinem Leben jemanden verachtete, kommt er in eine Gesellschaft, wo er selbst verachtet wird. Sie können sich vorstellen, wie „angenehm" das Leben in einer Welt sein muss, in der sich alle gegenseitig verachten.

Wenn der Mensch dem Geschlechtsverkehr übergroße Bedeutung beimaß, so gelangt er in eine Welt voller Sexfreaks und wird ständig erniedrigt.

Nach dem Tod **kommt jeder Mensch in die Schicht der Feinen Welt, die dem Füllgrad seines Karmagefäßes entspricht**. Jeder Mensch schafft sich selbst sein Paradies bzw. seine Hölle. Damit sich das Karmagefäß nicht allzu sehr füllt, büßen alte Menschen ihren Sexualtrieb ein, ihnen wird die Sensibilität für das Essen und andere körperliche Vergnügungen genommen. Dadurch hat der Mensch im Alter weniger Dinge, an denen er hängen kann, und das Karmagefäß leert sich ein wenig.

Jetzt kennen wir also die Situation eines Menschen, der noch **nicht eingesehen hat, dass er auf unserem Planeten zeitweiliger Besucher ist** und sich dementsprechend zu verhalten hat.

Was aber, wenn ein Mensch das Ganze doch eingesehen hat und sich auf unserem Planeten wie ein Gast oder Besucher auf Exkursion verhält?

Bewusste Rundfahrt auf der Erde

Bevor eine Seele auf die Erde kommt, besorgt sie sich höchstwahrscheinlich eine Eintrittskarte. Der Preis ist wohl **ein Versprechen, den Leuten Licht und Hilfe zu bringen**, sie aufzuklären und ihnen den richtigen Weg zu weisen. Und auch ein wenig – sofern noch vorhanden – vom eigenen Karma loszuwerden. Selbstverständlich hat eine Seele aus den hohen Schichten der Feinen Welt eine breite Auswahl, wo und als was sie sich auf der Erde verkörpern möchte. Damit sie von Kindheit an nicht leiden und ums Dasein kämpfen muss, kommt eine solche Seele meist in guten und reichen Familien auf die Welt, was auch die Biografien von vielen Geistigen beweisen.

Wenn die Seele eines Menschen auf die Erde kommt, so werden ihr verschiedene Gaben mitgegeben, sei es in Bereichen wie Sport, Malerei, Dichtung, Finanzpolitik, Handel usw. oder – was bedeutender ist – die Gabe zu heilen. Wenn ein solcher Mensch vergisst, dass er diese Gabe von Gott bekommen hat und beschließt, sie als sein eigenes Talent anzusehen, mit dem er sich in das Schicksal anderer Menschen einmischen kann (um etwa ihr Karma zu verringern), so **mischt er sich damit auch in den Mechanismus der karmischen "Erziehung" ein**.

Wenn das kein Heiliger ist, der nach den von der Höheren Gewalt gestellten Aufgaben handelt, so wird sein eigenes Karmagefäß schnell überfüllt - der Mensch stirbt. Er nimmt also quasi fremde Sünden auf sich. Es ist gut bekannt, dass Menschen, die andere heilen oder sich mit Fragen der Feinen Welt beschäftigen, eher sterben als normale Menschen. Das geschieht, weil sie sich ohne Erlaubnis in die Angelegenheiten der Höheren Gewalt einmischen und nach eigenem Wissen und Gewissen handeln.

Fähigkeiten der Menschen

Hier können wir vorläufig den Schluss ziehen, dass Menschen, die von Kindheit an **ausgeprägte Fähigkeiten** besitzen, höchstwahrscheinlich aus den hohen Schichten der Feinen Welt zu uns gekommen sind. Das heißt, in ihrem früheren Leben verhielten sie sich vorbildlich und verließen die Erde mit fast oder gänzlich leerem Karmagefäß. Jetzt kamen sie wieder auf unsere Erde und bekamen als Versuchung solche Fähigkeiten: Singen, Zeichnen, Entdecken, Erfinden usw.

Tatsächlich kann von einer Versuchung die Rede sein, denn **mit solchen Gaben ist es viel leichter Anerkennung, Berühmtheit oder materiellen Gütern zu verfallen**. Wenn es dem Menschen nun gelingt, nicht hochmütig zu werden oder anderen ”Star-Allüren” nachzugeben, so kann sein Karmagefäß völlig austrocknen, und die Seele steigt in der Feinen Welt um eine Schicht auf.

Leider erfahren wir aus den Biographien der meisten Prominenten – seien es Schriftsteller, Dichter, Wissenschaftler oder Maler –, dass sie ein sehr unausgeglichenes und leidenschaftliches Leben führten. Nach dem Tod fanden sie sich in der Feinen Welt wieder, mit Gewissheit ein paar Schichten nach unten versetzt.

Dem Menschen ist alles Irdische zulässig

Das oben Angeführte soll Sie auf keinen Fall denken lassen, dass wir Ihnen Angst einjagen wollen. So ist es nicht. **Der Mensch kommt auf diese Erde, um alles auszuprobieren, was es gibt**. Daher **kann jeder das machen, was er will: Business und Politik, Liebe und Sex, zu Wohlstand kommen und sich künstlerisch mitteilen**. Man kann und soll das alles mit Freude und Leidenschaft tun. Wichtig ist nur, diese feine Grenze nicht zu überschreiten, an welcher der Mensch aufhört sich wie in einem Spiel zu verhalten und beginnt sich ernsthaft gekränkt zu fühlen, zu verachten und zu hassen. Das zieht eine Strafe nach sich.

Aber woher sollen wir wissen, wo sich diese feine Grenze befindet, hinter der schon die karmische ”Erziehung” beginnt?

Uns scheint, dass jeder Mensch seine Grenze selbst spüren muss, auch wenn wir sicherlich ein paar Ratschläge erteilen können.

Erste Schlussfolgerungen

Wir wollen vorläufig jene Schlussfolgerungen formulieren, die uns aus dem bisher Betrachteten möglich erscheinen.

Das angeführte Modell vom Aufbau der Welt und den Zielen menschlichen Daseins erklärt viele (wenngleich nicht alle) Ursachen für Krankheiten, Schwierigkeiten und Unglücke der Menschen. Es erklärt, warum ein ungläubiger Mensch Gott näher sein kann als ein Gläubiger, der alle Rituale seiner Religion geflissentlich vollzieht, aber auf die anderen Menschen mit Verachtung herabsieht.

Das vorgeschlagene Modell stimmt mit der Vorstellung aller Religionen überein, dass alles in der Welt Gott gehört und dass sich der Mensch keine Mühe geben soll, ein Maximum an weltlichen Gütern anzuhäufen. Wenn der Mensch andererseits die Verhaltensregeln annimmt und die Welt so akzeptiert, wie sie ist, kann er die Höhere Gewalt um jeden Gefallen bitten. Und er wird ihm mit ziemlicher Sicherheit erfüllt. Gerade in diesem Fall funktioniert unsere Methodik der Geschehensgestaltung besonders effektiv.

Darüber hinaus ist das vorgeschlagene Modell höchst instrumental. Es erlaubt einen diagnostischen Algorithmus für das erarbeitete Karma aufzustellen, ja sogar ein Computerprogramm zu erarbeiten, mit dessen Hilfe der Mensch von den Dingen, an denen er besonders hängt, erfahren, den Füllgrad seines Karmagefäßes bestimmen und Ratschläge zur Veränderung seiner Lebensweise erhalten kann. Dazu kommen wir aber später.

SCHLUSSFOLGERUNGEN

1. *Der Mensch kommt in unsere Welt und kann dort alles machen, was er will. Dabei darf er nichts zu "seinem Eigentum" erklären und nichts Irdisches idealisieren. Er befindet sich hier nur auf einer kurzen Exkursion und soll sich zu seinen Erfolgen und Misserfolgen wie in einem Spiel verhalten.*
2. *Wenn der Mensch etwas in unserer Welt idealisiert, falsche Überzeugungen hat oder materiellen wie nichtmateriellen Werten überschüssige Bedeutung beimisst, so füllt sich sein Karmagefäß - und der Mensch wird einer karmischen "Erziehung" in Form von Krankheiten, Unglücken und Schwierigkeiten unterworfen.*
3. *Wenn der Mensch die Signale der karmischen Mahnungen nicht wahrnimmt und sein Verhalten in unserer Welt nicht ändert, wird ihm das Leben genommen.*
4. *Wenn der Mensch die karmischen Anforderungen rechtzeitig akzeptiert und sein Benehmen ändert, so kann er sich von jeder auch noch so schweren Krankheit befreien und Schwierigkeiten, Unfällen sowie allen anderen Störfaktoren im Leben entgehen.*

1.2. Das Karmagefäß

Im vorigen Paragraphen haben wir schon den Begriff Karmagefäß eingeführt. Es sei daran erinnert, dass wir unter dem Karmagefäß **ein Gefäß, in dem sich alle menschlichen Sünden ansammeln**, verstehen. Dabei möchten wir gleich betonen, dass hier nicht die Gedanken und Taten, die wir gemäß unseres moralischen und religiösen Kanons als Sünden bezeichnen, gemeint sind. Unserer Ansicht nach ist die "Hauptsünde" (aus der sich für den Menschen so viele Schwierigkeiten und Probleme ergeben) die allgemeine Unzufriedenheit mit der Welt, die sich in Form lang anhaltender negativer Emotionen äußert. Und gerade diese negativen Emotionen sammeln sich im Karmagefäß (alias Emotionsspeicher).

Wie ein Karmagefäß in Wirklichkeit aussieht, wissen wir noch nicht. Deshalb spricht nichts dagegen, uns dieses Karmagefäß als einen Behälter oder ein Gefäß vorzustellen. Durch verschiedene Rohre fließen von oben unsere "Sünden" in Form einer Flüssigkeit hinein, wie es auf dem Schema auf der Rückseite des Buchumschlages dargestellt wird.

Die Flüssigkeit gelangt durch mehrere Rohre von oben in das Karmagefäß, wobei jedes von ihnen eine Ursache für die negative Emotion charakterisiert – Grundursache ist meistens eine Idealisierung.

Wir möchten Sie daran erinnern, dass es dann zu einer **Idealisierung** eines materiellen oder nichtmateriellen Wertes kommt, wenn der **Mensch diesem Wert überschüssige Bedeutung beimisst**, unabhängig davon, ob er ihn tatsächlich besitzt oder nur von ihm träumt. Der Mensch verfällt schließlich lang anhaltenden negativen Emotionen, falls etwas seinen Erwartungen nicht entspricht.

Idealisierung materieller Werte

Das erste Rohr, durch das unsere "Sünden" Zulauf finden, ist die **Idealisierung materieller Werte** (Erscheinungen der materiellen Welt), zu der man die übermäßige Bedeutung zählt, die Menschen folgenden Lebensaspekten beimessen:

- **Körper und körperliche Gesundheit**. Das bedeutet, dass Sie sich über Ihren Gesundheitszustand unnötige Sorgen machen oder Menschen verachten, die gesundheitlich schwach sind.
- **Schönheit und äußerliche Attraktivität**. Eine solche Idealisierung entsteht, wenn Sie sich zu sehr darum kümmern, wie Sie aussehen, ob Sie gut gekleidet sind, ob die Frisur stimmt usw.
- **Sex** in allen Formen. Sie können gedanklich mit allen möglichen Frauen (bzw. Männern) schlafen ohne realen Geschlechtsverkehr zu haben, sei es aus Schüchternheit, Mangel an Vertrauen usw. Oder Sie sind ständig beunruhigt, ob Sie ein guter Liebhaber (bzw. Liebhaberin) sind. Oder Sie messen dem Geschlechtsverkehr viel zu große Bedeutung bei, empfinden ihn als ein großes Opfer oder als einen Schlag gegen Ihr Ehrgefühl.
- **Geld und materielle Güter**. Fast alle Menschen brauchen Geld oder andere materielle Güter (abgesehen von Milliardären, aber die gibt es selten). Zu einer Idealisierung kommt es, wenn Sie sich sorgen, nicht genug zu verdienen, und meinen, mit dem verfügbaren Geld keine normale Existenz führen zu können.
- **Arbeit**. Viele Männer sind "Workaholics" und können sich ein Leben ohne ihre Lieblingsarbeit gar nicht vorstellen. Deswegen bekommen sie hin und wieder einen Wink mit dem Zaunspfahl oder Sie werden sogar arbeitslos.

- **Familie und Kinder**. Eine Idealisierung entsteht dann, wenn Sie meinen, unbedingt eine Familie und Kinder haben zu müssen. Oder Sie haben eine bestimmte Vorstellung im Kopf, wie Ehepartner zueinander stehen und ihre Umgangsformen miteinander aussehen sollen, wie die häuslichen Pflichten innerhalb der Familie aufzuteilen sind oder wie die Kindererziehung aussehen soll usw. Das reale Leben entspricht nicht immer Ihren Erwartungen, und Sie haben dann mit lang anhaltenden negativen Emotionen zu kämpfen.
- **Vergnügen und Hobby**. Sie schätzen Ihre Erfolge in Ihrem Hobby (darunter auch Fußball oder Politik) sehr hoch ein und werden gleich gereizt, wenn jemand seine eigene Meinung diesbezüglich äußert – das sind Ursachen einer Idealisierung. Alles Mögliche kann Auslöser negativer Emotionen werden: Fischen, Kochen, Radfahren, Rollerskaten usw.

Oben angeführt sind die häufigsten Formen der materiellen (wenngleich nicht immer rein materiellen) Werte, deren Bedeutung Menschen oft übertreiben. Es gibt auch noch andere Formen von Ansprüchen an die materielle Welt, auf sie treffen wir allerdings seltener in unserem Leben.

Idealisierung geistiger Werte

Durch das zweite Rohr fließen die negativen Emotionen, die durch eine Idealisierung geistiger Werte entstanden sind. Folgende Objekte können die Ursache sein:

- **Normen der Moral, Ethik**. Eine solche Idealisierung ist insbesondere für die ältere Generation charakteristisch, weil sie zu einer anderen Zeit mit anderen Wertvorstellungen erzogen wurde. Dementsprechend ärgern sich ältere Menschen häufig sehr über das amoralische und unsittliche Verhalten der Jugend, über die Veränderungen im Wertesystem und andere Veränderungen im realen Leben.

- **Eigene Unvollkommenheit.** Diese Idealisierung entsteht, wenn der Mensch sich ständig kritisiert und über bestimmte Charakterzüge, Fähigkeiten oder Eigenschaften nicht zu verfügen glaubt. Eine andere Form der Idealisierung ist die ständige Angst, etwas falsch zu machen, eine falsche Entscheidung zu treffen, wodurch jede Entscheidungsfindung (wohin in den Urlaub fahren, was kaufen usw.) eine Ewigkeit in Anspruch nimmt.
- **Vernunft.** Diese Idealisierung entsteht dann, wenn sich Menschen über die Dummheit und das unvernünftige Handeln anderer ärgern. Sie meinen, alle Menschen seien vernünftige Wesen, man könne sich mit allen absprechen und alles erklären. Tatsächlich aber lassen sich einige Menschen von einer seltsamen und nicht nachvollziehbaren Logik treiben und handeln auf verrückte Weise. Je mehr Sie sich aber den Kopf darüber zerbrechen, desto unvernünftiger handeln diese Menschen.
- **Künstlerisches Schaffen.** Die Idealisierung künstlerischer Fähigkeiten ist charakteristisch für verschiedenste Künstler, Musikanten, Maler, Schriftsteller und überhaupt alle, die etwas Neues entstehen lassen. Sie bekommen die künstlerische Gabe in die Wiege gelegt und vergessen nur zu oft, Wem sie diese Gabe und ihre Inspiration zu verdanken haben. Die Erfolge führen zur Verachtung anderer Menschen ohne derartige Fähigkeiten oder solcher, die nicht gebildet genug sind, um ihr Schaffen zu verstehen.

- **Glaube an etwas, Vertrauen.** Jede Menge Menschen haben ihr Leben dafür hergegeben, die Ideen anderer zu verwirklichen: Demokratie, Monarchie, Kommunismus, eine lichte Zukunft usw. Viele Menschen glauben gern an solche und ähnliche Ideale und ärgern sich, wenn das Leben nach ganz anderen Gesetzen verläuft. Dazu gehört auch **übermäßiges Vertrauen in andere Menschen** – sie werden gezwungen sein, Ihr Ideal zu zerstören. "Vertrauen ist gut, Kontrolle ist besser", besonders bei Geldangelegenheiten, lehrt uns schon der Volksmund.
- **Stolz.** Hier ist die Idealisierung des erreichten Erfolges auf jedem Gebiet gemeint, das Hervorheben der eigenen Professionalität, der Widerwille auf die Ratschläge oder Prophezeiungen anderer zu hören. Tritt der Erfolg jedoch nicht ein, beschuldigen Menschen mit einer solchen Idealisierung das Leben dafür, die sie umgebenden Menschen usw. Sie sind überempfindlich und reagieren gekränkt auf jede kritische Bemerkung und jedes Zweifeln an der Richtigkeit ihrer Handlungen.
- **Macht.** Macht ist der Wunschtraum von vielen, aber nicht alle haben die Möglichkeit, sie wirklich zu erfahren. Die Macht an sich ist nicht strafbar, wohl aber das Streben nach Macht und das Vergnügen, sie zur Demütigung anderer Menschen einzusetzen oder der Versuch, die totale Kontrolle über die Welt zu erlangen.
- **Zwischenmenschliche Beziehungen.** Eine solche Idealisierung entsteht, wenn Sie für sich eine genaue Vorstellung davon haben, wie Beziehungen aussehen sollen – ehrlich, verantwortungsbewusst, manierlich usw. Wenn Sie nun in Situationen kommen, in denen sich Menschen anders benehmen, so reagieren Sie gereizt und versuchen Ihr Modell des feinen Umgangs den anderen aufzuzwingen.

- **Ziel.** Eine Idealisierung entsteht in diesem Fall, wenn Sie sich entschlossen auf das Erreichen eines gesetzten Ziels eingestellt haben und jegliches Auftreten von Schwierigkeiten oder Hindernissen bei Ihnen einen Ausbruch von negativen Gefühlen hervorruft. Sie werden nervös oder beschuldigen sich oder andere Menschen, wie auch immer. Entscheidend ist, dass Sie das Nicht-Erreichen Ihres Ziels kaum ertragen können.

Abgesehen von den bereits erwähnten, ist auch eine Idealisierung anderer menschlicher Werte möglich, darunter **übertriebene Religiosität und übertriebener Glaube an Gott**. Nicht der übertriebene Glaube an Gott selbst wird freilich einer "Erziehung" unterworfen, vielmehr die bei einigen Gläubigen entstehende Verachtung und Missbilligung anderer nicht gläubiger Menschen wie auch anderer Religionen. Oder die Unzufriedenheit Gott gegenüber, weil „Er Ihnen zu wenig Beachtung schenkt".

Falsche Überzeugungen

Durch das **dritte Rohr** strömen jene "Sünden" ins Gefäß, die als Resultat **falscher Überzeugungen und Lebensvorstellungen** entstanden sind. Zu den verbreitetsten falschen Überzeugungen zählen:

- **Selbstherrlichkeit**. Dazu kommt es dann, wenn der Mensch meint, die ganze Welt würde sich nur um ihn drehen. Alles, was sich in der Welt abspielt, sei entweder für oder gegen ihn. Dementsprechend gelten nur seine Meinung, seine Bedürfnisse und seine Interessen; der Mensch verachtet alle anderen.
- **Kontrolle über die Welt**. Eine solche Lebenseinstellung ist charakteristisch für Menschen, die Führungspositio-

nen einnehmen. Je nach Art ihrer Arbeit planen sie genau, was wie geschehen soll, und geraten in Zorn, wenn diese Pläne nicht eingehalten werden. Im Familienleben erscheint diese Idealisierung in Form von autoritärem Verhalten eines Ehepartners, der seinen Willen dem anderen aufzwingt. Oder in Form von ständigen Ängsten um das Leben naher Angehöriger.

- **Eifersucht**. Dieses Gefühl entsteht dann, wenn der Mensch einen anderen als sein Eigentum betrachtet. Mein Eigentum sollte nur mir ganz allein gehören – niemand hat das Recht es zu berühren (oder auch nur zu betrachten).
- **Verurteilung und Verachtung anderer Menschen**. Eine derartige Einstellung Menschen gegenüber entsteht häufig bei jenen, die meinen, sie hätten große Erfolge in dieser Welt erzielt – Geld, Macht, Ruhm.
- **Verärgerung über das Leben.** Eine solche Lebenseinstellung kann bei jedem Menschen entstehen, unabhängig von Fähigkeiten, Wohlstand und Erfolg. Der Mensch sieht sein Leben als misslungen an. Oder er glaubt, nicht das bekommen zu haben, was er verdient hat. In Wirklichkeit ist sein Zustand die Folge seiner Lebenseinstellung.
- **Unzufriedenheit mit dem Schicksal oder mit sich selbst.** Sie entsteht oft als Resultat einer Idealisierung der eigenen Fähigkeiten. Das Nichtübereinstimmen der Realität mit den eigenen Überzeugungen ruft Gereiztheit und Aggressivität hervor.

Diese Liste falscher Überzeugungen könnte man um einige ergänzen – um politische, nationale, religiöse und sonstige Ansichten. Als Beispiele für falsche Überzeugungen können Lebenseinstellungen gelten wie "das Leben ist mir nicht gelungen", "ich bin der unglücklichste Mensch", "niemand liebt mich", "ich werde nie einen Mann finden". Menschen mit derartigen Überzeugungen haben häufig ein sehr geringes Interesse an Geld, Ruhm oder anderen materiellen bzw. geistigen Werten. Ihnen **gefällt es sich in einem solch elenden Zustand zu befinden**, oft bereitet es ihnen gar ein gewisses Vergnügen.

Menschen mit solch falschen Überzeugungen leben gewöhnlich in Unfrieden mit ihrer Umgebung und sind Lieblingskunden des Eggregors "des unglücklichen Lebens" (den Begriff „Eggregor" werden wir im vierten Teil unseres Buches behandeln).

Wenn wir dieses Problem genauer unter die Lupe nehmen, so erfahren wir, dass **falsche Überzeugungen in den meisten Fällen das Resultat von Idealisierungen eines irdischen Wertes sind**. Die Objekte der Idealisierungen lassen sich nicht immer leicht bestimmen; falsche Überzeugungen liegen dagegen oft auf der Oberfläche und werden vom Menschen selbst deklariert. Gerade deshalb haben wir ihnen eine gesonderte Zuflussquelle des Karmagefäßes zugewiesen.

Jede der oben angeführten Idealisierungen hat ihr **eigenes Ventil** an einem bestimmten Rohr. Sobald der Mensch etwas idealisiert, öffnet sich das Ventil des Rohrs und die Flüssigkeit beginnt in das Karmagefäß zu fließen.

Wenn der Mensch auch nur einen irdischen Wert idealisiert, läuft die Flüssigkeit in das dafür vorgesehene Rohr, und dann weiter in das Karmagefäß.

Aber sobald der Mensch seine falsche Einstellung irdischen Werten gegenüber einsieht, schließt sich das Ventil und die Flüssigkeit läuft nicht mehr durch den Kanal ins Karmagefäß hinein. Wenn auch alle anderen Ventile verschlossen bleiben, geht das Karma im Gefäß zurück (das "erarbeitete" Karma wird entleert).

Nichterfüllung der karmischen Aufgabe

Das vierte Rohr ist dem **"Nichterfüllen der karmischen Aufgaben"** vorbehalten. Durch dieses Rohr fließen negative Emotionen in dem Fall, wenn der Mensch die Aufgabe, mit der seine Seele auf die Welt gekommen ist, nicht erfüllt.

Jeder Mensch hat eine Reihe von karmischen Aufgaben in der Reinkarnationskette – eine Familie gründen, einem Kind das Leben schenken, Krieger, Gelehrter oder Dorfbewohner sein, etwas Neues schaffen, bestimmte Kenntnisse erwerben usw. Es scheint, als ob in der Reinkarnationskette **jeder Mensch alles, was es in der Welt gibt, ausprobieren soll** – Liebe, Familie, Macht, Politik, Pädagogik, Sport, Krieg, Arbeit (mit den Händen und dem Kopf) usw. Dabei **gelingt es einigen im Leben gleich mehrere karmische Aufgaben auf einmal zu erfüllen**. Ein Zeichen für eine solche Lebenseinstellung ist der **rasche Wechsel des Tätigkeitsfeldes**. Jemand arbeitet beispielsweise als Koch oder Lehrer, ist Spezialist auf seinem Gebiet und erzielt hervorragende Leistungen in der Arbeit. Plötzlich aber gibt er ohne offensichtlichen Grund die Arbeit auf und beginnt einer anderen Tätigkeit nachzugehen, wie z.B. der eines Bauern oder Schauspielers. Hat der Mensch auf einem Arbeitsgebiet gute Leistungen erzielt (eine der karmischen Aufgaben erfüllt), so will er dasselbe in einer anderen Tätigkeit tun (eine andere Aufgabe erfüllen). In den letzten Jahren nimmt die Zahl solcher Menschen beständig zu.

Bestimmung der karmischen Aufgabe

Unserer Ansicht nach **kann man die karmischen Aufgaben tendenziell mit Hilfe des Horoskops bestimmen**, in dem die grundlegenden Sphären für eine erfolgreiche Tätigkeit aufgelistet sind. Die Logik ist hier eine einfache. Wenn Ihre Seele das Bedürfnis nach der Leitung eines Kollektivs hat, so wäre es für Sie zweckentsprechend, unter dem Zeichen des Löwen geboren zu werden. Wenn es ihr an Liebe und Zärtlichkeit gefehlt hat, dann sollten Sie als Skorpion auf die Welt kommen usw.

Im Laufe des Lebens bekommt der Mensch meistens nur eine Aufgabe zu erfüllen – z.B. der Menschheit ein neues Kunststück oder wissenschaftliche Kenntnisse beizubringen, eine mustergültige Familie zu gründen oder die Arbeit in einem neuen Unternehmen zu organisieren.

Leider wissen die Menschen gewöhnlich nicht, welche Arbeit das sein soll. Trotzdem ist es nicht ganz so hoffnungslos. Die Menschen verspüren häufig einen **Drang zu einer bestimmten Tätigkeit** – Richtung öffentliches oder politisches Leben, Business, Pädagogik, Medizin, Kunst usw. Wenn der Mensch das macht, wonach er strebt, dann **gelingt ihm alles und er ist mit seinem Schicksal zufrieden**, er genießt das Leben. Eine solche Weltauffassung ist auch ein Indikator für das Erfüllen der karmischen Aufgabe.

Wenn der Mensch aber aufgrund des Drucks seiner Eltern oder Freunde, der Erziehung oder der Vorurteile nicht seinem eigentlichen Drang nachgibt, so beginnt sich das Rohr mir negativen Emotionen zu füllen. Der Mensch ist unzufrieden mit dem Leben, er wird sehr empfindlich, regt sich ohne Grund schnell auf, wird aggressiv usw. So etwas kann vorkommen, wenn der Mensch beispielsweise trotz seiner inneren Neigung zur Arbeit mit Kindern (als Pädagoge, Erzieher usw.) in einer Bank oder einem ausländischen Betrieb zu arbeiten beginnt, weil er sich dort ein höheres Gehalt verspricht. Als Resultat bekommt er zwar das Geld, ist aber mit dem Leben unzufrieden. Und wenn er mit dem Leben unzufrieden ist, bekommt er bald Probleme im Privatleben, mit der Gesundheit usw.

Man könnte hier jede Menge Beispiele anführen. Viele Menschen zogen etwa unter dem Einfluss der allgemeinen Meinung in die Städte, ihre Seele aber blieb auf dem Land. Heute sitzen sie ihre Arbeitszeit ab, aber ihre Seele ist irgendwo außerhalb, im Garten.

Die meisten Menschen gehen nicht der Tätigkeit nach, für die sie eigentlich geschaffen wären. Deswegen empfinden sie eine unerklärliche Apathie, Gereiztheit, Kraftlosigkeit, sie werden krank usw. Dieser Zustand bekam die Bezeichnung "Syndrom chronischer Erschöpfung" und freut nur pharmazeutische Firmen, die schmerzlindernde, beruhigende und vitaminreiche Präparate auf den Markt bringen.

Wir wollen Sie darauf hinweisen, dass das vierte Rohr von großer Bedeutung ist, **dass es aber bei weitem nicht bei allen Menschen funktioniert**. Je voller das Karmagefäß in Ihrem vorigen Leben zum Zeitpunkt des Todes war, desto mehr karmische Aufgaben haben Sie in diesem Leben zu erfüllen. Ein Teil der Menschen kommt mit einem fast leeren Karmagefäß auf die Erde und hat keine besonderen Verpflichtungen in diesem Leben zu tragen. Andere Menschen wählen eine ihrer Neigung entsprechende Arbeit und "erfüllen" damit schon ihre karmische Aufgabe. Jemand gründet etwas unglücklich eine Familie und quält sich jahrelang, bis es schließlich zu einem mit großer Erleichterung verbundenen Bruch kommt. Damit erfüllt er höchstwahrscheinlich seine Pflicht im Bereich familiärer (oder sexueller) Beziehungen und kann danach weiter nach seinen bewusst gesetzten Zielen streben.

Unseren Beobachtungen zufolge haben nur ca. 10 % aller Menschen eine stark ausgeprägte, eindeutige karmische Aufgabe, alle anderen haben keine. Daher **gibt es keinen Grund, sich Sorgen zu machen und nervös nach seiner karmischen Aufgabe zu suchen!** Wenn es eine gibt, dann wird Ihnen das die Höhere Gewalt schon zu verstehen geben.

Auf diese Weise wird also **das "erworbene Karma" von vier Grundrohren erfasst** – "Idealisierung materieller Werte", „Idealisierung geistiger Werte", "falsche Überzeugungen" und "Nichterfüllen der karmischen Aufgaben".

Die Entleerung des Karmagefäßes

Unten am Karmagefäß gibt es auch einige Rohre, durch die Flüssigkeit aus dem Gefäß abfließt. Das heißt, alle menschlichen, erworbenen Sünden können gebüßt werden.

Höchstwahrscheinlich **befinden sich die unteren Rohre in einem halbgeöffneten Zustand**, und die Flüssigkeit fließt immer ein wenig ab. Diese Schlussfolgerung lässt sich aus folgenden Beobachtungen ableiten: Sobald sich die oberen Rohre verschließen, beginnt sich das Gefäß von unten zu leeren, d.h., die gespeicherten Sünden fließen mit der Zeit aus dem Gefäß heraus. Es sieht so aus, als ob unser schweres Leben hierzu auch etwas beiträgt.

Die unteren Rohre sehen heute folgendermaßen aus:

Bewusste positive Taten

Der Mensch kann etwas Irdisches idealisieren, aber durch seine guten Taten und positive Einstellung gegenüber anderen Menschen kann er das Ventil am Rohr öffnen und die Flüssigkeit aus dem Karmagefäß pumpen, so dass sie nicht bis zum Niveau der schwereren Folgen hinaufreicht.

Dabei bezeichnen wir als "positive Taten" nur diejenigen, die **den Anforderungen der Höheren Gewalt entsprechen**. Und nicht die Taten, die unsere Gesellschaft für positiv hält. Manchmal stehen diese Anforderungen im Gegensatz zueinander. Zu solchen Taten kann man das **bewusste Loskommen von irgendwelchen irdischen Werten zählen, denen der Mensch überschüssige Bedeutung verleiht**. Zum Beispiel das Rauchen nach jahrelanger Leidenschaft aufzugeben. Oder sich das Essen zu weigern, wobei man früher wie ein Scheunendrescher gefressen hat. Oder Süßigkeiten nicht mehr zu genießen. Oder auch ein Arbeitswechsel, wenn Sie sehen, dass Ihre Begeisterung für die Arbeit zu einer Idealisierung werden könnte.

Davon abgesehen zählen hierzu: Mitleid, Mitgefühl, Barmherzigkeit, uneigennütziges Dienen den hohen Zielen, Wohltätigkeit, Opferbereitschaft und andere derartige Dinge, die auf das Gute für die Menschen abzielen.

Positive Eigenschaften des Menschen

Das zweite Rohr für die Leerung des Karmagefäßes sind **die positiven Eigenschaften des Menschen** wie etwa Herzensgüte, Fröhlichkeit, Optimismus usw. Der Mensch kann etwas idealisieren, aber dank seiner natürlichen Gutmütigkeit und seiner Lebensfreude wird das Karmagefäß nie überfüllt. In diesem Gleichgewicht befinden sich meistens üppige (Feinschmecker) und gutmütige Menschen.

Einwirkung anderer Menschen

Das dritte untere Rohr ist die **Einwirkung von anderen Menschen**. Jeder Mensch kann zu einem guten Medizinmann oder Seelheiler gehen, der wird irgendwelche Manipulationen vornehmen und wird ihm ein wenig von der Flüssigkeit abnehmen. Aber **dieser Einfluss wird nur von kurzer Dauer sein**, da sich das Karmagefäß wieder bis auf dieselbe Höhe füllen wird, wenn die oberen Rohre nicht verschlossen werden – innerhalb einer Woche, eines Monats oder eines Jahres. Deswegen ist ihre Wirkung mit der Wirkung der Arzneimitteln vergleichbar: man nimmt sie ein – fühlt man sich besser, tut man es nicht – bleibt man krank.

Dasselbe gilt auch für religiöse "Reinigungsrituale". In der russischen Orthodoxie sind das die Fastenzeit, die Beichte und die Letzte Ölung. Sie sind sehr effektiv in der Reinigung des Karmagefäßes, aber der Mensch müsste dies sehr oft tun. Priester verstehen dies zu gut, und deswegen fordern sie Gläubige jede Woche zur Beichte auf.

Ausführung der karmischen Aufgabe

Wir haben uns schon mit dem Ausführen der karmischen Aufgabe – wenn eine solche ansteht – beschäftigt. Dem entspricht am Karmagefäß ein weiteres Rohr von unten, das man als **Ausführung der karmischen Aufgabe** bezeichnen kann. Wie wir schon sagten, gibt die menschliche Seele vor der Wiedergeburt einige Versprechungen. Sie verspricht, durch ihr Benehmen das Karmagefäß wenigstens nicht weiter zu füllen. Wenn dem Menschen Fähigkeiten gegeben sind, so kann er sie ausnutzen, um an der Arbeit Vergnügen zu finden, auch wenn es viele Schwierigkeiten und Probleme gibt. Menschen arbeiten oft für einen symbolischen Lohn, aber diese Arbeit entspricht ganz und gar ihren Herzen, d.h., sie erfüllen ihre karmische Aufgabe, ihr Karma fließt allmählich ab.

Leeres Karmagefäß

Auf diese Weise kann das Karmagefäß zu einem Zeitpunkt **ganz leer sein** – so ein Mensch hat gar keine Sünden. Dieser Mensch hängt nicht an irgendwelchen Dingen, denn kein Vorfall kann ihn dazu bringen, lang anhaltende negative Emotionen zu empfinden. Er akzeptiert die Welt so, wie sie ist. Gewöhnlicherweise hat er richtige Überzeugungen und hilft anderen Menschen – er heilt sie, hält Predigten, hilft durch seine musterhafte Lebensweise. Niemand empfindet ihm gegenüber negative Emotionen, und wenn jemand auf ihn negativ einwirken will, so wird er ihm nichts anhaben können. Diesen Menschen hält jetzt praktisch nichts mehr in der Welt, und er kann nach seinem Wunsch in jedem Moment gehen. Es gibt nur sehr wenige solche Menschen in der ganzen Welt. Diese Meister können in die Feinen Welten gelangen und wieder in den menschlichen Körper zurückkehren. Wenn sie meinen, dass sie ihre karmische Aufgabe erfüllt haben, so verlassen sie diese Welt, ungeachtet ihres Alters.

Einer der Wege zu einem bewussten Übergang in diesen Zustand ist die Lossagung von allen irdischen Werten, oder die Askese. Aber dieser Weg ist für Menschen, die ein Alltagsleben führen, kaum akzeptabel, denn die reale Welt verlangt von uns die Pflege unserer Nächsten, die Suche nach Mitteln für die Existenz usw. Im Alltag fällt es den Menschen sehr schwer, sich von negativen Emotionen fernzuhalten, und deswegen ist das Karmagefäß der meisten Menschen bei weitem nicht leer.

So ungefähr sehen die Ursachen und Quellen der Füllung unseres Karmagefäßes und seiner Reinigung aus. Jeder von uns soll an sich selbst ausprobieren, welches Ventil bei ihm "leckt" und ob sein Leben nicht zu einer karmischen "Erziehung" führen könnte, sei es durch falsche Überzeugung oder Idealisierungen. Sicherlich wird sich jeder von uns an derartige Dinge bei sich selbst erinnern.

Wir raten Ihnen, Ihr Leben noch einmal und bewusst zu analysieren und zu bestimmen, welche Ideale Sie in Ihrer Weltordnung haben, und wie voll Ihr Karmagefäß ist. Im nächsten Paragraphen helfen wir Ihnen dabei.

SCHLUSSFOLGERUNGEN

1. *Das Karmagefäß füllt sich durch vier Rohre, die man als "Idealisierung der materiellen Werte", "Idealisierung der geistigen Werte", "falsche Überzeugungen" und "Nichterfüllung der karmischen Aufgabe" bezeichnet. Durch diese Rohre fließt eine Flüssigkeit, die ihre falsche Einstellung zur Welt charakterisiert.*
2. *Die Flüssigkeit aus dem Karmagefäß fließt durch die vier Rohre ab, die man als "bewusste positive Taten", "positive Persönlichkeitseigenschaften", "Einwirkungen anderer Menschen" und "Ausführung der karmischen Aufgabe" bezeichnet.*
3. *Wenn der Mensch die Mechanismen der Füllung und Leerung des Karmagefäßes kennt, kann er bewusst den Füllgrad des Karmagefäßes bestimmen und dadurch etwas zu seinem Schicksal und seiner Gesundheit beitragen.*

1.3. Selbstdiagnostik des Karma

In diesem Paragraphen betrachten wir die Möglichkeiten, wie der Mensch selbstständig den Füllgrad seines Karmagefäßes bestimmen kann, um dann eine entsprechende Entscheidung über seine spätere Lebenseinstellung treffen zu können.

Erste Etappe der Selbstdiagnostik

In der **ersten Etappe** müssen Sie **bestimmen, mit welcher Last Sie** auf diese Welt **gekommen sind**. Oder anders gesagt, aus welcher Schicht der Feinen Welt Ihre Seele auf die Erde kam. Die Theosophie bezeichnet diese Last als "reifes" Karma. Gerade dieses bestimmt die Bedingungen unserer nächsten Geburt, unsere Charakterzüge, Gewohnheiten usw. Gute Astrologen können sich diese Angaben ausrechnen und eine Prognose für Ihr Leben aufstellen. Genauer betrachtet nicht die Prognose der realen Geschehnisse in Ihrem Leben, aber die **Charakterzüge und Tätigkeitsart**, mit der Sie erfolgreich sein können.

Und wir versuchen jetzt so etwas Ähnliches zu machen, allerdings ohne Hilfe der Astrologen und anderer Spezialisten der professionellen Diagnostik.

Zur Anschaulichkeit nehmen wir an, die **Feine Welt teilt sich in 10 Schichten**, die sich durch die Existenzbedingungen der Seelen voneinander unterscheiden. Die erste Schicht ist die Hölle, und die zehnte – das Paradies. In Wirklichkeit ist alles viel, viel komplizierter.

Die Aufgabe der ersten Etappe unserer Selbstdiagnostik wird darin bestehen, dass wir den **Füllgrad Ihres Karmagefäßes zu dem Zeitpunkt Ihrer Geburt bestimmen müssen**.

Überfülltes Karmagefäß (zu 100% gefüllt) ist das Gefäß eines Sünders, der die Verhaltungsmaßregeln unserer Welt verletzt hat. Ein leeres Gefäß ist das Gefäß eines Heiligen, der auf diese Welt mit einer Mission gekommen ist.

Um Ihre Vergangenheit einzuschätzen, könnten Sie folgende Angaben analysieren:

1. Land der Geburt

Wenn Sie in einem Land mit hohem Lebensniveau geboren wurden, so konnten Sie frei wählen. Diese Wahl haben nur die Bewohner der höheren Schichten der Feinen Welt.

Ein Mensch, geboren in Russland zur Zeit der "Perestroika", kommt höchstwahrscheinlich aus der 2. bis 5. Schicht der Feinen Welt. Sein Karmagefäß ist mindestens zu 10-25% gefüllt. Er könnte sich irgendeinen Wert aus diesem Bereich als **durchschnittlichen Füllgrad** seines Karmagefäßes erst einmal festlegen.

2. Ort der Geburt

Das nächste Kriterium ist der **Ort**, an dem **Sie geboren wurden**. Dieser Messwert ist von Bedeutung in Russland, wo die Menschen sehr wenig durch das Land reisen, und vollkommen unbedeutend für Deutschland, wo man ständig von einer Stadt in eine andere umzieht und wo sich der Arbeitsplatz auch in mehreren Städten befinden kann.

In Russland steht es damit traditionell anders. Viele Leute vom Lande streben danach, in größere Städte umzuziehen, vor allem nach Moskau. Deswegen kann man einen Urmoskauer mit einem Glückspilz, der gerade im Lotto gewonnen hat, gleichsetzen (und etwa 5-10% vom durchschnittlichen Füllgrad des Karmagefäßes abziehen). Natürlich ist bei solchen Einschätzungen vor allem Ihre eigene Wertung – in diesem Fall des Geburtsortes – gefragt.

3. In welcher Familie sind Sie geboren

Wie Sie verstehen, ist hier die Auswahl groß. Der Eine wird in der Familie eines Milliardären geboren, der andere im Dschungel Afrikas. Den Ersten erwartet ein sattes und wohlgeordnetes Leben, den Zweiten – heftige und nicht sehr angenehme Empfindungen.

Dies sind aber die äußersten Fälle. Die meisten von uns sind in Familien mit durchschnittlichem Einkommen zur Welt gekommen. Und das bedeutet, dass unser Karmagefäß nicht leer war.

Wenn Eltern sich ständig betrinken, Drogen nehmen oder inhaftiert sind usw. muss die Seele eines Kindes vieles überstehen, da ihr Karmagefäß ziemlich voll war. Deswegen können Sie in diesem Fall ruhig weitere 5-10% zum Füllgrad des Karmagefäßes hinzuzählen.

Wenn Sie aber in einer recht wohlhabenden Familie geboren wurden und mit Ihrer Kindheit eine schöne Zeit verbinden, so können Sie 3-5% Flüssigkeit abziehen.

Noch ein wichtiger Faktor ist die **Ausbildung oder das kulturelle Niveau Ihrer Eltern**. Die Seelen aus den hohen Schichten der Feinen Welt wählen für sich mit höchster Wahrscheinlichkeit Eltern aus, die einen hohen Ausbildungsgrad haben, Eltern, die eine hohe Position im Leben eingenommen haben oder die sich für Kunst oder Wissenschaft einsetzen. Wenn man die Wahl hat, warum sie dann nicht ausnutzen? Deswegen, wenn Sie in solch einer Familie geboren wurden, können Sie noch weitere 2-3% von Ihrem Karmagefäß abziehen.

4. Die Gesundheit des Säuglings

Ihr guter gesundheitlicher Zustand unmittelbar nach Ihrer Geburt spricht dafür, dass Ihr Karmagefäß zum Zeitpunkt des Todes nicht überfüllt war. Angeborene Krankheiten deuten auf untere Schichten der Feinen Welt hin. Wenn solche Krankheiten da sind, so sollten Sie 5-15% (abhängig davon, wie schwer die Krankheit ist) zum Füllgrad Ihres Karmagefäßes hinzuzählen.

5. Ausgeprägtheit der Charakterzüge

Haben Sie ausgeprägte (vielleicht auch übertriebene) Charakterzüge? Es ist unumstritten, dass jeder Mensch irgendwelche Charakterzüge besitzt. Es gibt keinen charakterlosen Menschen. Aber der eine hat einen ausgeglichenen Charakter, der andere ist sehr hitzig, empfindlich und herrschsüchtig. Diese stark ausgeprägte, persönliche, Eigenschaften haben Sie aus den früheren Leben mitgebracht, und sie zeigen an, dass Sie im vorigen Leben von Leidenschaften und Hetze überwältigt waren. Besonders wenn diese Züge mit dem Sternzeichen und anderen astrologischen Prognosen zusammenfallen. Das hat natürlich Auswirkungen auf den Inhalt Ihres Karmagefäßes. Wenn Sie solche ausgeprägten Charakterzüge besitzen, besonders, wenn Sie Ihnen im Leben Schwierigkeiten bereiten, so können Sie noch weitere 3-5% zu Ihrem Karmagefäß hinzurechnen.

Wir haben fünf Messwerte betrachtet, die Ihnen gut bekannt sind. Sie können auf ihrer Grundlage den **Füllgrad Ihres Karmagefäßes zum Zeitpunkt der Geburt vorläufig bestimmen**.

Die Anzahl dieser Messwerte könnte noch ergänzt werden. Sie können sie ruhig einführen, aber nur in dem Fall, wenn Sie sich in diesen Messwerten stark von anderen Menschen unterscheiden. Ein Messwert, der keine besondere Information liefert, ist von keiner besonderen Bedeutung, er könnte die Bestimmung nur komplizierter machen.

Und jetzt, da wir über ein Kriteriensystem und Richtzahlangaben verfügen, können wir auf der Basis der realen

Geschehnisse Ihres Lebens versuchen, die Last zu bestimmen, mit der Sie auf diese Welt gekommen sind.

Annäherungswerte

Unseren Schätzungen nach hat ein gesunder Säugling, in Moskau geboren, mit Eltern eines hohen Ausbildungsgrades, die eine eigene Zwei-Zimmer-Wohnung haben und ein durchschnittliches Einkommen, einen Füllgrad des Karmagefäßes von ca. 10-12%. Dagegen hat ein Säugling, in einer Alkoholiker-Familie irgendwo auf dem Lande in einer verlassenen Gegend geboren, ein Karmagefäß, das zu 15-20% gefüllt ist. Wenn ein Kind von Geburt an eine schwere Krankheit hat, so war sein Karmagefäß bei der Geburt zu 20-25% gefüllt. Wenn Sie von diesen Messwerten ausgehen, so können Sie die Richtwerte für sich bestimmen**, ihnen sollten Sie jedoch keine größere Bedeutung verleihen, da Sie jetzt schon im erwachsenen und bewussten Alter sind**. Die Situation zu diesem Zeitpunkt könnte sich wesentlich verändert haben und hängt nunmehr von Ihrer Lebens- und Gedankenweise ab.

"Heilige" werden strenger beurteilt

Es klingt merkwürdig, aber: **Je besser Sie angefangen haben (je leerer Ihr Karmagefäß zur Zeit Ihrer Geburt war), desto schwerer werden Sie es im Leben haben**.

Der Mensch mit einem ziemlich vollen Karmagefäß kann in diesem Leben alles machen, was er will, - schlimmer wird es ja eh nicht. Aber, wenn Sie aus den hohen Schichten der Feinen Welt kommen, so müssen Sie immer auf der Hut sein, denn nach unten zu stürzen ist einfacher als nach oben zu klettern. Die Menschen aus den hohen Schichten haben **bessere Anfangsbedingungen**, es fällt ihnen leichter, erfolgreich zu sein und zu Wohlstand in unserer Welt zu kommen, wenn sie die Regeln nicht verletzen. Aber dafür **werden sie auch strenger beurteilt**, und bei Idealisierungen füllt sich ihr Karmagefäß viel schneller als bei "normalen" Menschen. Teilweise leben prominente Menschen, deren Leben sehr markant und voller Leidenschaften war, deswegen kürzer – es sind Musikanten, Schauspieler, Poeten usw. Und die Menschen, die ein wenig emotionales und fades, materiell begrenztes Leben führen, können in unserer Welt viel länger existieren.

Somit haben wir unsere Anfangsbedingungen bestimmt. Jetzt ist grundsätzlich zu **bestimmen, wie Ihr Karmagefäß heute aussieht**. Wir bestimmen das selbst und nicht mit Hilfe von Wahrsagerinnen und Hellsehern. Auch Astrologen, mögen sie auch sehr gute sein, werden hier nicht viel helfen können.

Zweite Etappe der Selbstdiagnostik

Dies ist die **zweite Etappe** unserer Überlegungen. Wir haben schon einen Weg angedeutet, als wir das Karmagefäß untersucht haben. Da sich unsere Sünden durch vier Rohre in unserem Karmagefäß ansammeln können, sollten wir **jedes an sich "ausprobieren", und auch die einzelnen Ventile**. So können wir erfahren, welche Idealisierungen oder falschen Überzeugungen wir haben.

Bestimmung der Idealisierung

Wie Sie sich noch erinnern, eine Idealisierung wird durch lang anhaltende Emotionen bezüglich irgendwelcher Probleme oder Situationen (der Mann trinkt, das Kind ist ungehorsam, jemand ist gestorben usw.) charakterisiert. Erinnern Sie sich daran, welche Probleme und Situationen bei Ihnen intensive Emotionen hervorrufen, und bestimmen Sie, ob die Ursache für diese Emotionen nicht irgendwelche irdischen Werte sind. Wenn dies der Fall ist, so ist bei Ihnen ein entsprechendes Ventil geöffnet, durch dieses füllt sich Ihr Karmagefäß.

Wenn Sie keine lang anhaltenden Emotionen empfinden, so wäre es nicht schlecht, sich bezüglich verborgener Idealisierungen zu überprüfen. Dazu müssen Sie sich Ihr Leben ohne folgende Dinge vorstellen: Geld, Wohlstand, gesunder Körper, Ruhm, Arbeit usw. Im Großen und Ganzen ohne die Dinge, denen der Mensch eine überschüssige Bedeutung verleihen kann. Wenn Sie sich Ihr Dasein ohne diese irdischen Werte vorstellen, und das Fehlen dieser Dinge Ihr Leben nicht leer und nutzlos werden lassen würde, dann haben Sie keine Idealisierungen. Sie sind ein/e Heilige/r, und Sie haben nichts zu tun in dieser Welt.

Spiel des Lebens

Jeder Mensch wird bestimmt ein, zwei Dinge finden, ohne die er sich sein Leben nicht vorstellen könnte (Familie, Kinder, Arbeit, Moral usw.). Genau durch diese Parameter sind die Ventile geöffnet, und die negativen Emotionen tropfen in das Karmagefäß. Sie sind es, die zu Krankheiten, Schwierigkeiten und Konflikten führen. Wir fordern Sie nicht auf, von diesen Werten Abstand zu nehmen – das Leben ohne diese Sachen könnte seinen Sinn verlieren. Wir schlagen Ihnen vor, **Ihre Einstellung zu diesen Werten zu verändern**. Versuchen Sie sich zu diesen Werten **wie zu einem Gewinn im Spiel "Das Leben" zu verhalten**. Und wenn etwas nicht klappt oder schief geht, so denken Sie, dass es nur ein Spielverlust ist und nicht das Ende der Welt. Spielen Sie weiter und gewinnen Sie so gut es geht. Ausgiebiger wird diese Position im dritten Kapitel betrachtet.

Bestimmung falscher Überzeugungen

Ein anderes Rohr bilden die falschen Überzeugungen. Diese Überzeugungen sind offensichtlich, und es ist sehr leicht zu verstehen, ob Sie eifersüchtig sind, wenigstens einen Menschen verachten und ob Ihnen das Leben gelungen ist. Wenn Sie solche falschen Überzeugungen entdeckt haben, versuchen Sie schleunigst das entsprechende Ventil zu schließen.

Bestimmung der karmischen Aufgabe

Noch ein Rohr heißt "Nichterfüllung der karmischen Aufgabe. "Erzieherische" Verfahren diesbezüglich werden, unserer Beobachtung nach, im Alter von 35-40 Jahren durchgeführt. Bis dahin wartet Ihr "Aufseher" ab, ob Sie sich alles richtig überlegt haben und anfangen, sich mit Ihrer Lieblingsarbeit zu beschäftigen. Wenn nicht, dann wird das "erzieherische" Verfahren eingesetzt. Die Erziehung erfolgt gewöhnlich aus dem Inneren heraus, wobei bei Ihnen Unzufriedenheit mit dem Leben, Gereiztheit, Kräfteverfall oder unzählige Konflikte usw. aufkommen. Das Kriterium, wonach die "Erziehung" nach diesem Parameter erfolgt, ist: **Sie haben einen geheimen Wunsch, sich mit einer anderen Sache zu beschäftigen und Sie verspüren eine unerklärbare Unzufriedenheit mit dem Leben**. Wenn Ihnen solche lang anhaltenden Zustände bekannt sind, so sollten Sie sich überlegen, ob Sie Ihre karmische Aufgabe auch erfüllen.

Indirekte Zeichen einer "Erziehung"

Da wir in unser Karmagefäß nicht einfach hineinschauen können, müssen wir seinen Füllgrad mittels **indirekter Zeichen** einschätzen. Das können wir machen, indem wir davon ausgehen, dass unser "Aufseher" **proportional zu unserem Sündenniveau auf uns einwirkt**. Er kann sich, im Gegensatz zu Ärzten und Seelenheilern, nie irren.

Da wir die Liste der Einwirkungen schon ungefähr kennen, können wir die Anzahl unserer Sünden durch ihre Betrachtung bestimmen. Und vielleicht auch verstehen, welche der Ventile lecken.

Somit kann unserer "Aufseher" durch folgende "erzieherische Verfahren" auf uns einwirken: kleine Unannehmlichkeiten, Planverstöße, Probleme auf der Arbeit, in der Familie oder mit den Kindern, im Privatleben, Krankheiten.

Eine Ordnung oder eine Reihenfolge der angewendeten Verfahren gibt es bestimmt nicht. Diese "erzieherischen" Verfahren werden individuell angepasst, entsprechend unserer Idealisierungen und falschen Überzeugungen. Obwohl es kleinere Unannehmlichkeiten und Krankheiten aller Arten bei fast jedem von uns gibt.

Deswegen sollten wir alle unsere negativen Erlebnisse gedanklich durchgehen **und je nach ihrem Schwierigkeitsgrad den Füllgrad unseres Karmagefäßes bestimmen**.

Betrachten wir mehrere Varianten, angefangen mit den kompliziertesten.

Ungefähre Abschätzung

Wenn Sie eine schwere Krankheit wie Krebs oder AIDS haben oder Sie inhaftiert sind, so ist Ihr Karmagefäß bis auf 92-96% gefüllt.

Wenn Sie ernsthaft, aber nicht todkrank sind, so ist der Füllgrad geringer – bei etwa 90%.

Wenn Sie in Ihrem Leben Unfälle, wie etwa Autounfälle mit schwereren Verletzungen, einen Brand, Raubüberfall usw. erlebt haben, so ist Ihr Karmagefäß zu 80-90% gefüllt, und das ist von Ihrem "Aufseher" fast der letzte Hinweis darauf, dass Sie Ihre Lebenseinstellung verändern müssen.

In Fällen, in denen Sie von Geldproblemen überlastet werden (wer ist es denn nicht?), es oft zu Streitigkeiten in der Familie kommt und das Intimleben scheitert, so ist Ihr Karmagefäß auf 60-75% gefüllt. Das ist zwar noch nicht tödlich, aber recht unangenehm.

Und nun zuletzt, falls bei Ihnen alles in Ordnung ist, aber besser sein könnte, so ist Ihr Karmagefäß zu 60% voll. Was auch gut ist, aber füllen Sie Ihr Karmagefäß nicht weiter auf.

Wenn Ihnen das Leben Vergnügen bereitet und alle Ihre Wünsche schnell und auf eine für Sie angenehme Weise in Erfüllung gehen, so ist Ihr Karmagefäß zu 50% voll.

Den Füllgrad von 15-30% haben nur "erleuchtete" Menschen, die sich mit einer aufklärenden, geistigen und barmherzigen Tätigkeit beschäftigen und sich keine Sorgen machen über Ihre materielle Bereicherung.

So sollte der Gang Ihrer Überlegungen unserer Ansicht nach sein, wenn Sie Ihr Leben aus der Sicht der Theorie der karmischen Wechselwirkungen beurteilen wollen. Oder aus der Sicht Ihrer eigenen Regeln, die der Mensch, der gut in dieser Welt leben will, beachten sollte.

Fragen sie Ihr Bewusstsein

Wir haben die Wege der Bestimmung des Füllgrades unseres Karmagefäßes vom logischen Denken aus betrachtet. Es gibt auch einen anderen Weg – Sie bekommen die Information unmittelbar von der Höheren Gewalt, ohne den Verstand zu benutzen.

Dieser Weg gefällt sicherlich jedem, ist aber nicht einfach. In unseren Seminaren führen wir Menschen in spezielle Techniken ein, mit deren Hilfe die Informationen von der Höheren Gewalt zu erhalten sind. Wir gehen darauf noch einmal im vierten Kapitel dieses Buches ein.

Probleme der astrologischen Prognosen

Jetzt können wir auch verstehen, warum astrologische Prognosen nicht immer zutreffen. Da die Astrologen ihre Prognosen auf der Basis von unseren Geburtsdaten aufstellen, sind sie nur im Stande das "reife" Karma zu bestimmen, d.h. unsere früheren Sünden. Wenn ein Mensch in früheren Leben viele Sünden begangen hatte und sein Karmagefäß voll war, so ist sein Lebensprogramm präzise vorausbestimmt. Dementsprechend wird die astrologische Prognose den Charakter und die Lebensbedienungen des Menschen genau wiederspiegeln können.

Aber wenn der Mensch unsere Welt mit fast leerem Karmagefäß verlassen hat, so wird das "reife" Karma sich nur sehr schwach auf sein Lebensprogramm auswirken. Und die berechnete astrologische Prognose wird dementsprechend nur im Grossen und Ganzen zutreffen und könnte mit seinem Leben nichts zu tun haben, zum Beispiel wenn der Mensch bewusst vom "Hängen" an irdischen Werten abgekommen ist. Die Prognose wird auf der Basis der "Anhänglichkeit" in früheren Leben aufgestellt, und wenn diese abgearbeitet ist, dann wird sich die Prognose auch nicht realisieren.

Deswegen müssen Sie verstehen, wenn Sie eine astrologische Prognose erhalten wollen, dass Sie die Beschreibung eines Menschen erhalten werden, der von Leidenschaften überlastet ist und seine unzähligen Sünden abbüßen muss. Aber dies müssen gar nicht Sie sein, obwohl die Geburtsdaten und andere formale Merkmale übereinstimmen. Heilige werden ab und zu geboren, und ihnen folgen Millionen von Sündigern. Die Prognosen werden die gleichen sein, das reale Leben nicht.

Barmherzigkeit – gut oder schlecht

Da stellt sich parallel auch eine andere Frage: ist es gut, barmherzig gegenüber Bettlern, Kranken und Menschen mit schwerem Schicksal zu sein? Nach allen christlichen Doktrinen ist es gut. Aber für wen ist es gut? Besprechen wir das Thema aus der Sichtweise der uns bekannten karmischen Anforderungen.

Ein Mensch, der uneigennützig dem Bettler etwas gibt und die Kranken bemitleidet, macht es gut. Damit öffnet er das Ventil der "bewussten positiven Handlungen", und die Flüssigkeit fließt aus dem Karmagefäß ab. Deswegen ist eine gute Tat allem Anschein nach gut.

Und jetzt betrachten wir es aus einer anderen Sicht. Wer ist ein Kranker und wer ein Bettler? Wie Sie schon verstehen, ist das oft ein Mensch, der unter einer aktiven "erzieherischen" Einwirkung durch seinen "Aufseher" steht. **Er wird wegen seiner falschen Überzeugungen und falschen Taten "erzogen"**, die er früher begangen hat. Sein **heutiger Zustand ist die Folge seiner früher begangenen Fehler**. Und Sie verringern den "erzieherischen" Effekt, wenn Sie ihm Geld geben oder Ihr Mitleid ausdrücken (ihm einen Teil Ihrer Lebenskräfte geben). Das heißt, Sie stören seinen "Aufseher" dabei, die falschen menschlichen Einstellungen zu korrigieren und verzögern zusätzlich den Moment seiner Lebensveränderung. Daraus folgt, unsere guten Taten könnten das "erzieherische" Verfahren stören.

Natürlich ist es leicht, sich mit Abstand über Karma und Bestrafungen Gedanken zu machen. Aber es ist immer schwer sich nach der Vernunft zu richten, wenn eine alte Frau Ihnen die Hand für Almosen reicht. Hier stehen Emotionen klar im Gegensatz zur Logik. Die Schlüsse müssen Sie ziehen.

SCHLUSSFOLGERUNGEN

1. *Die Last, mit der Sie auf diese Welt gekommen sind, können Sie als Füllgrad Ihres Karmagefäßes anhand folgender Parameter einschätzen: Land und Ort der Geburt, Familie, Gesundheit des Säuglings, Vorhandensein stark ausgeprägter Charakterzüge.*
2. *Den gegenwärtigen Füllgrad Ihres Karmagefäßes können Sie anhand der "erzieherischen" Verfahren bestimmen, die Sie in letzter Zeit erleiden mussten.*
3. *Die Anforderungen, die an Sie von der Höheren Gewalt gestellt werden, können sich ziemlich unterscheiden von den Anforderungen, die sich die Menschheit ausgedacht und als Gesetze oder religiöse Richtlinien festgelegt hat.*

1.4. Karmische Wechselwirkungen in der Familie

Dieser und weitere Paragraphen des ersten Kapitels sind für Menschen bestimmt, die versuchen selbstständig zu erfahren, welche Regeln sie in dieser Welt verletzten, was sie idealisieren und wie die Höhere Gewalt ihre Fehler korrigiert.

Das ist keine leichte Aufgabe, denn einem Menschen fällt es immer schwer, über sich selbst zu urteilen und eigene Ansichten und Überzeugungen für falsch zu halten. Aber ohne dies kann der Mensch den Füllgrad seines Karmagefäßes nicht richtig bestimmen, er wird auch nicht für andere Schritte bereit sein, die sein "Aufseher" vorbereitet, um seine falschen Ansichten zu korrigieren. Und diese Schritte können durchaus unangenehm sein.

Unserer Auffassung nach sind Idealisierungen der irdischen Werte und falsche Überzeugungen die Ursachen für Situationen, in der sich eben diese Werte auflösen und sich als falsch erweisen. Das heißt also: Wenn wir die "erzieherischen" Maßnahmen richtig analysieren, können wir auch verstehen, wofür man uns eigentlich "erzieht". Dabei können wir ganz sicher sein, dass unser "Aufseher" **unsere "Diagnose" immer richtig stellt und das behandelt, woran wir leiden!** Dagegen kann unsere irdische Medizin das nicht immer genau bestimmen.

Da der Umfang der "erzieherischen" Maßnahmen im Allgemeinen begrenzt ist und wir sie sehr gut kennen, können wir die häufigsten Maßnahmen herausziehen und sie nach bestimmten Lebensbereichen klassifizieren.

Wie Sie sich erinnern, kommt der Mensch nicht mit leerem Karmagefäß auf unsere Welt. Etwas ist da drin, und das sind die falschen Ansichten, die der Mensch in seinem früheren Leben hatte. Während der Zeit, in der er sich in der Feinen Welt befindet, verändern sich seine Ansichten kaum, - wie wir schon sagten, gibt es dort wenige Gelegenheiten, ein Karma zu reinigen. Dafür kommen die Menschen in unsere Welt. Aber sie kommen mit falschen Überzeugungen, welche die Höhere Gewalt erkennt.

Damit sich diese Sachlage verändert, plant die Höhere Gewalt immer Situationen, die diese falschen Ansichten untergraben. Auch durch das Leben in einer Familie.

Deswegen wollen wir das **gegenseitige Verhalten der Menschen in der Familie**, das Verhältnis zwischen Frau und Mann, unter die Lupe nehmen. Wie Sie wissen, herrscht in der Familie meistens ein geringes gegenseitiges Verständnis zwischen den Eheleuten, was zu Kränkungen, Skandalen und Scheidungen führt. Als Resultat zerbricht fast die Hälfte aller Ehen. Warum passiert das?

Die Antwort ist gar nicht schwer. Das passiert, weil die **Höhere Gewalt Menschen für eine Ehe auswählt, damit einer die Werte zerstört, denen der andere überschüssige Bedeutung verleiht**. Das heißt, die Zerstörung des irdischen Wertesystems von einem der Eheleute erfolgt durch die Ablehnung dieser Ideale durch den anderen. Gerade darin liegt der Grund für die meisten Konflikte und das gegenseitige Unverständnis im Familienleben vieler Menschen.

Natürlich hat nicht jeder Mensch Idealisierungen, die im Familienleben zerstört werden können. Deswegen lebt ein – unserer Beobachtungen nach geringer - Teil der Familien in friedlicher Stimmung, ohne große Auseinandersetzungen und gegenseitige Unzufriedenheit.

Der andere, größere Teil idealisiert solche **Familienwert**e wie Treue, Sparsamkeit und Wirtschaftlichkeit, Ordnung und Sauberkeit, ruhiges Leben und ähnliche Elemente des Wohlstandes im Eheleben.

Wie man schon vermuten kann, sind diese Eigenschaften der besseren Hälfte der Menschheit, also den Frauen, näher und verständlicher. Gerade Frauen verleihen diesen Werten häufig eine überschüssige Bedeutung und da die Frauen diese auch idealisieren, bleibt den Männern nichts anderes übrig, als alle diese Werte zu zerstören. Die Männer sind einfach gezwungen, mehr zu trinken, fremdzugehen, viel Geld auszugeben, viel Zeit mit ihren Freunden oder auf der Arbeit zu verbringen usw. Das heißt, sie erfüllen ihre karmische Aufgabe und sind gezwungen so zu handeln, obwohl ihr Tun durch die gesellschaftliche Meinung und Moral für negativ erklärt wird. Aber wie wir schon sagten, unterscheiden sich die Moral und die karmischen Aufgaben sehr oft.

Familienwerte werden nicht nur von Frauen idealisiert. Auch Männer idealisieren diese. Dies zeigt sich in Eifersucht, in den Versuchen das Benehmen der Frau zu kontrollieren, den Haushaltplan aufzustellen usw. Diese Werte sollen zerstört werden, und auch die Frauen nehmen daran teil. Auch sie gehen fremd, geben Unmengen an Geld aus, vernachlässigen den Haushalt usw. Kurz und gut, das **Ehepaar erzieht sich im vollen Maße**. Und es versteht nicht, was zu den Streitigkeiten und der Scheidung geführt hat.

Wie schafft es denn die Höhere Gewalt, solche Ehepaare zusammenzubringen, die sich danach gegenseitig vernichten? Die Menschen scheinen vernünftig zu sein, und sie hätten doch schon vor der Eheschließung feststellen können, dass jeder von ihnen verschiedene Ansichten im Leben hat. Und es hätte in solchen Fällen nicht bis zur Eheschließung kommen dürfen. Aber es kommt dazu.

Liebe

Um Menschen mit unterschiedlichen Werteordnungen zusammenzubringen, hat die Höhere Gewalt ein Mittel gefunden. Das ist die Liebe unter den Geschlechtern. **Die Liebe kann man als ein Mittel der zeitweiligen Verdummung eines Menschen**

betrachten, durch die er eine Ehe mit seinem karmischen Gegensatz schließen kann.

Damit sich der Mensch aber nicht gekränkt fühlt, wurde die Liebe zu einem sehr angenehmen Gefühl gemacht, dem sich die Menschen mit großem Vergnügen hingeben, und zwar nicht nur einmal im Leben. Eine Ehe aus Liebe besteht **gewöhnlich zwischen zwei karmisch entgegengesetzten Menschen**, die verschiedene Werte idealisieren (z.B. die Frau – Sauberkeit und materiellen Wohlstand; der Mann – Fußball und seine Unabhängigkeit). Die Liebe hält ein halbes, ein ganzes oder auch zwei Jahre lang an, danach verfliegt der Zauber und der Mann merkt dann plötzlich, dass sich seine Frau ganz anders verhält, als sie es eigentlich sollte. Von seinem Standpunkt aus. Es entsteht dann eine Unzufriedenheit, Gekränktheit und Aggressivität, es kommt zu Auseinandersetzungen. Der Mechanismus der karmischen "Erziehung" beginnt.

Das Leben kann dermaßen passend Menschen zusammenbringen, dass wir, wenn wir z.B. eine Frau gut kennen, leicht vorhersagen können, welche Eigenschaften ihr Mann besitzen wird.

Wenn eine Frau dem Geld sehr viel Wert beimisst und meint, dass der Mann viel verdienen sollte, so wird ihr Mann große Geldprobleme haben oder überhaupt keinen Wert darauf legen.

Wenn der Mann Sex mag, so wird seine Frau diesem absolut gleichgültig gegenüberstehen.

Wenn eine Frau eine gute Erziehung genossen hat, so wird ihr Mann ein Frechling sein (und umgekehrt).

Wenn der Mann sehr wirtschaftlich und logisch ist, so wird er ganz bestimmt eine impulsive und aufbrausende Frau wählen.

Wenn eine Frau feste Überzeugungen hat, wie man ein Kind erziehen sollte, so wird ihr Mann ganz andere Vorstellungen haben.

Wenn für die Frau das Verhältnis zu ihren Verwandten wichtig ist, so wird sich der Mann ihnen gegenüber ganz gleichgültig verhalten.

Die Menschen haben schon vor langem diese Besonderheit erkannt, dass "sich Gegensätze anziehen". Aber niemand hat zu erklären versucht, warum sie sich anziehen und wem das nützt. Denn später wird jeder auf seinen eigenen Idealen bestehen, und als Resultat kommt es zu Streitigkeiten, Vorwürfen und Missverständnissen. Und in Wirklichkeit passiert eine geistige Entwicklung, das Verfahren der Zerstörung der Ideale.

Die Frau sollte ihren Mann vielmehr als ein "Arzneimittel" betrachten, das sie von den überflüssigen Idealisierungen irgendwelcher irdischer Werte heilt. Und umgekehrt. Damit diese "Heilung" lang anhält, wird in der Familie ein Kind geboren, manchmal auch mehrere. Das Kind ist gewöhnlich ein Verbindungsglied, dass die Paare zusammenhält. Das Kind trägt auch zur karmischen "Heilung" bei und zerstört die Werte des einen oder beider Eltern. Aber über Kinder sprechen wir später noch.

Problem der Heirat

Jetzt aber reden wir weiter über die Liebe. Genauer gesagt von den Fällen, in denen es zwar Liebe ist, aber keine Familie gibt. Das heißt, einem jungen Mann oder einer jungen Frau gelingt es nicht, ihre karmische Hälfte zu finden und eine Familie zu gründen. Bei jungen Frauen nennt man das "die Brautkrone der Ehelosigkeit", von der manche Medizinmänner sie für eine bestimmte Belohnung befreien. Was bedeutet nun diese "Brautkrone" aus dem Blickwinkel der karmischen Wechselwirkungen? Die junge Frau idealisiert in ihren Gedanken das Familienleben dermaßen, dass es der Höheren Gewalt schwer fällt, ihr einen solchen „Mistkerl" zu vermitteln, der sie in vollem Maße "erziehen" könnte.

Eigentlich ist es doch nicht so schwer einen solchen Kerl zu finden, die gibt es ja in Überzahl. Es ist nur sehr schwer eine junge Frau in einen Zustand absoluter Verdummung zu versetzen, damit sie sich auch für diese verrückte Tat entscheidet. Oder sie lebt vollkommen nach dem Verstand und lässt ihre Emotionen nicht raus. Dann funktioniert der Liebesmechanismus nicht, und die Höhere Gewalt schafft es nicht, der jungen Frau einen passenden Mann (von ihrem Standpunkt aus) aufzudrängen. Und einen anderen, einen anständigen, Mann bekommt sie nicht. Er würde sie nicht in der nötigen Dosis erziehen können. Darum wird das Erziehungsverfahren auf ein anderes Leben übergetragen.

Wie Sie sehen, gelingt es der Höheren Gewalt nicht immer für die "Heilung" eines Menschen das Mittel der Liebe einzusetzen. Wenn ein Mensch ein gut entwickeltes, logisches Denkvermögen besitzt und die Anforderungen des Lebens und seinem künftigen Lebenspartner gegenüber ganz klar begreift, so fällt es seinem "Aufseher" sehr schwer ihn in einen Zustand vollkommener Verdummung zu versetzen und ihm seine nicht gewollte bessere Hälfte anzudrehen. Aber so etwas passiert meistens im **erwachsenen Alter**. Die Ehen werden allerdings meistens in der späten Jugend geschlossen, wenn noch sehr wenig Weisheit vorhanden ist und Emotionen durch den Kopf schießen. " Liebe macht blind" – so das Sprichwort. Dies erhärtet die vom Volk längst bemerkte Wahrheit über diese Besonderheit der Liebe, dass sie eben nicht aus der Sicht der Vernunft zu erklären ist. Wenn es die Höhere Gewalt will, so verliebt man sich in einen Partner, der alle eigenen Ideale vernichten wird. Und je mehr solcher Ideale ein Mensch hat, umso „gemeiner“ ist sein Lebenspartner. So ist das Leben. Und wenn wir in die Vergangenheit zurückschauen, so können wir viele solche Eheschließungen finden.

Bewusste Wahl der Eheleute

Jetzt betrachten wir den Fall, dass ein Mensch diesem Zustand der Verdummung entgangen war und **nicht aus Liebe eine Ehe einging**. Oder wenn er sich nach Ende des Zaubers von seinem karmischen Partner scheiden ließ. Aber seine Ideale hat er behalten und sein Karmagefäß ist noch immer voll.

So ein Mensch wählt seinen Lebenspartner bewusst aus. Seinem "Aufseher" fällt es schwer, ihm einen anderen Partner mit gegensätzlichem Wertesystem aufzubinden. Der Mensch wählt sich seinen Lebenspartner nach gleichen Interessen, nach Aussehen und Charakterzügen selbst aus. Bedeutet das nun, dass die karmische "Erziehung" an dieser Stelle aufhört? Nein, „leider“ ist es nicht so.

Wenn der Mensch alle seine falschen Überzeugungen bis ins hohe Alter beibehält (ob als Junggeselle oder nach der Scheidung) und einen Lebenspartner mit denselben Idealisierungen findet, so wird die Höhere Gewalt sie paarweise "erziehen". Dabei ist aber die Wahl der möglichen "erzieherischen" Maßnahmen weitestgehend auf folgende beschränkt:

- Kinder, die Idealisierungen der Eltern ablehnen,
- Zerstörung der gemeinsamen Wert-Gegenstände (Ferienhaus, Auto, Geld usw.),
- Krankheiten, welche die Leistung und Aufmerksamkeit beider fordern.

Die Zerstörung einer gemeinsamen Idealisierung des materiellen Wohlstandes kann durch erzwungenes "Wegnehmen" des Geldes oder anderer materieller Werte erfolgen. Am Anfang können das kleinere Diebstähle sein, unbedeutende Autopannen, Geldverlust usw. Wenn das nicht hilft, dann werden "schwerwiegendere Maßnahmen" eingesetzt. Die Wohnung kann ausgeraubt werden, das Auto kann in einen großen Autounfall geraten, das Ferienhaus kann einem Brand zum Opfer fallen usw. Das sind die häufigsten und die meist verbreitesten Varianten der "Erziehung". In Wirklichkeit können diese zwei "Aufseher" beider Eheleute zusammen etwas ganz Raffiniertes erfinden, um ihre gemeinsamen Idealisierungen zu zerstören.

Wir wiederholen es noch einmal: so ist das Leben. Wir haben es nicht erfunden, wir leben nur nach seinen Regeln.

Skandal – das ist wunderbar!

Hier müssen wir ein paar Worte zu Skandalen sagen, denn sie begleiten das gesamte Familienleben der meisten Menschen. Schwiegersohn und Schwiegermutter oder Schwiegertochter und Schwiegermutter, Frau und Mann – dies allein gibt schon genügend Stoff für Konflikte, nicht wahr? Was ist die Grundlage für einen Skandal, wie soll man sich verhalten, wenn man provoziert wird?

Wir können auf diese Frage auf mehreren Niveaus Antwort geben. **Auf dem energetischen Niveau ist jeder Skandal eine Übergabe der Energie des einen Menschen** (Energiespender) **auf einen anderen** (Energievampir).

In den meisten Fällen entsteht ein Skandal, wenn es einem Menschen an Lebenskräften fehlt. Aufgrund irgendwelcher Prozesse fehlt es dem Organismus an Energie, und sterben oder krank werden will er nicht. Deswegen sucht der Organismus nach anderen Energiequellen und findet sie. Man kann Energie von anderen Menschen bekommen, und besonders leicht lässt sich dies in Momenten heftiger Emotionen machen. Unwichtig, dass diese Energie negative Informationen enthält, Hauptsache, sie ist da. Deswegen beginnt der Mensch meistens im hohen Alter bei anderen Menschen Emotionsausbrüche zu provozieren. Es werden dafür alle Mittel eingesetzt: Moralpredigten, Beleidigungen, Kritik, freche Meinungen usw. Alle Mittel sind gut, Hauptsache, die/der andere heizt sich heftig auf und sagt alles... Was sie/er dabei denkt, ist nicht wichtig. Von Bedeutung ist, das sie/er gereizt ist und Energieimpuls freisetzt, die der Energievampir auffängt und verschlingt.

Nach langen, lauten gegenseitigen Beleidigungen fühlen sich die Skandalteilnehmer beruhigt. Der Spender, weil er keine Kraft mehr hat, den Skandal fortzusetzen, der Vampir, weil er seine Energieportion erhalten hat und davon auch einige Zeit leben kann. Erinnern Sie sich, war es nicht bei Ihnen auch so?

So sieht ein Skandal auf dem energetischen Niveau aus und so wird er von den Seelheilern und Medizinmännern, die auf dem energetischem Niveau arbeiten, erklärt. Der Mensch verfügt jedoch über feinere Energien. Und der wahrhaftige Grund der Skandale liegt gerade darin.

Was ist die Grundlage für den ständigen Energiemangel eines Menschen (Vampirs)? Höchstwahrscheinlich ist ein ständiger Mangel an Lebenskräften die Folge der karmischen "Erziehung" aufgrund falscher Lebenseinstellungen.

Für ältere Leute ist die Missbilligung anderer Menschen (junger Leute, Reicher, Gesunder, Kommunisten usw.), Gekränktheit gegenüber dem Leben, das Streben nach der Weitergabe ihrer Ideale und Überzeugungen typisch. Dementsprechend startet ihr "Aufseher" die karmische "Erziehung", und als Resultat wird die Energieversorgung eines Menschen unterbrochen.

Jetzt sprechen wir von Ihnen. **Wenn Sie keine Idealisierungen haben, so kann man Sie auch nicht auf einen Skandal hin provozieren**. Ihnen kann nichts etwas antun, da für Sie alles gleich- bedeutend (unbedeutend) ist. Wenn Ihr Opponent Sie aber doch auf eine Weise "kriegt", so müssen Sie Ihm dankbar dafür sein. Denn er hat **gerade den Wert berührt, dem Sie eine überschüssige Bedeutung verleihen**! Er hilft Ihnen, Ihre falschen Überzeugungen zu offenbaren, damit Sie diese beseitigen können. Dies kann alles Mögliche sein. Zum Beispiel, Ihre Ansichten, wie man ein Kind erziehen sollte, Ihre politischen Ansichten, Ihr Aussehen, Ihre geistigen Fähigkeiten und alle anderen Werte, die sich aus Erziehung, Ausbildung und gemeinschaftlicher Meinung ergeben. Jeder Mensch hat sein eigenes Wertesortiment, und gerade dieses berührt der Energievampir, um ihn aufzuregen. Faktisch ist er **Ihr Arzt**, denn er **weist Sie darauf hin, was für Sie eine überschüssige Bedeutung hat**. Deswegen, wenn es zu einem Skandal kommt - fein! Faktisch ist das eine kostenlose Diagnostik Ihrer Idealisierungen. Und es ist sogar eine Heilung, die Ihre Idealisierungen zerstört. Nehmen Sie das zur Kenntnis und seien Sie dem Menschen dankbar, der Sie in den Skandal hineingezogen hat. Er ist doch Ihr kostenloser Diagnostiker und Arzt!

Sobald Sie das verstanden haben, können Sie sich entscheiden, wie Sie sich im kommenden Skandal verhalten werden. Hier sind viele Varianten der Situationsentwicklung möglich.

Sie können dem Skandal ausweichen, stillschweigen, irgendwohin weggehen, mit Späßen davonkommen. In diesem Fall bekommt der Vampir seine Energieportion nicht und wird Sie noch weiter belästigen, oder er wird sich einen anderen Menschen aussuchen (zum Beispiel ein Kind mit seiner ungeschützten Psyche).

Sie können mit dem Vampir Mitleid haben und sich am Konflikt beteiligen. Ein, zwei Wutausbrüche (wenn sie im Rahmen ihres Verhaltensmodells zulässig sind) werden bei Ihnen keinen großen Schaden anrichten, werden sicher aber zufriedenstellend auf den energisch schwachen Menschen auswirken. Aber ein oder zwei Tage später wird Sie dasselbe Vergnügen erwarten.

Aus dieser Position heraus gibt es einen sehr interessanten Weg, sich am Konflikt zu beteiligen, und den hat uns einer der Seminar-teilnehmer mitgeteilt.

Damit bei Ihnen Alles gut wird!

Wenn Sie in einen Konflikt hineingezogen werden und Sie aber nicht die Kraft haben, ihm auszuweichen, so **nehmen Sie doch zu Ihrem Besten an ihm teil**! Was soll denn an einem Konflikt schon gut sein, fragen Sie. Aber... Es stellte sich heraus, dass man an Konflikten mit Vergnügen teilnehmen und dabei auch vollkommen gesund bleiben kann. Damit das so läuft, dürfen Sie Ihrem Opponenten während der Emotionsausbrüche nicht traditionell zusprechen (nach dem Dass-Dich-Der-Teufel-Holt-Motto), sondern **ganz anders**. Zum Beispiel: Auf deine Gesundheit! oder: Dass es dir gut geht! oder: Dass man dich lieben wird!

Es gibt eine Menge von Varianten solcher Wünsche. Sie müssen sich selbst 3 bis 5 dieser emotionalen Ausrufe einfallen lassen, sie auswendig lernen und während des Skandals auch benutzen. Am Besten lernen Sie sie auswendig, damit Sie sich nicht während des Skandals solche guten Wünsche eilig ausdenken müssen.

Wenn Sie sich an so einem Konflikt beteiligen, dann schlagen sie mit einer Klappe gleich drei Fliegen. Die erste: Sie finden mit Hilfe Ihres Opponenten heraus, welche Idealisierungen Sie haben. Die zweite: Sie teilen mit einem energetisch geschwächten Menschen Ihre Energie, und das zählt zu den guten Handlungen (eine Art von Almosen). Die dritte: Sie wünschen einem Menschen etwas Gutes, Frieden oder sonst etwas. Also noch eine gute Tat.

Als Resultat werden Sie Ihr Karmagefäß nicht noch mehr füllen (was gewöhnlich beim Skandal passiert), sondern Sie werden es durch das Rohr ”positive Taten” ein wenig leeren können. Was kann man sich da noch mehr wünschen! Wie Sie sehen, kann sich eine gewöhnliche Auseinandersetzung in der Familie durch wenige Zugriffe in gutes Handeln verwandeln.

Außer einer aktiven Teilnahme am Skandal können Sie auch andere Taktiken nutzen. Zum Beispiel, **Sie können den Sie provozierenden Menschen bemitleiden**. Damit bieten Sie ihm Energie an, aber Energie einer anderen Qualität. Statt Wutenergie erhält er die Energie des Mitleids und der Liebe. Es ist möglich, dass er Sie auch aufnehmen kann, und es kann zu unerwarteten Reaktionen kommen, bis hin zu Entschuldigungen und Reue. Wenn ihn diese Art der Energie nicht zufrieden stellt, dann wird er Sie noch weiter bis zum Wutausbruch provozieren.

Es soll auch gesagt werden, dass viele Vampire gerade diese Energie des Mitleids und der Liebe aufnehmen. Dafür erzählen sie lange und rührend die unglückliche Geschichte ihres Lebens, um Ihr Mitgefühl zu wecken.

Es gibt auch andere Variationen, aber dies sind alles vorübergehende Lösungen. Damit sich die Konflikte entgültig legen, sollte der Energievampir an seiner Energetik arbeiten, d.h. an seiner Lebenseinstellung und an den karmischen Grundanforderungen.

Selbstbestimmung der Familienidealisierungen

Und jetzt bitten wir Sie, Ihre Familienerfahrung zu betrachten. Versuchen Sie sich zu erinnern, was Sie an Ihrem/r Gatten/in besonders aufregt. Was genau macht er/sie falsch oder nicht so, wie man es machen sollte. Dies kann sowohl den Haushalt als auch das Verhalten im Bett betreffen, den Umgang mit dem Geld, Charakterzüge usw. Und Sie verstehen auch, dass Sie gerade diese Eigenschaften idealisieren, d.h., Sie verleihen ihnen (nach Meinung der Höheren Gewalt) eine überschüssige Bedeutung. Und deswegen werden Sie auch "erzogen", denn gerade diese Idealisierungen helfen Ihrem Karmagefäß sich zu füllen. Je unzufriedener Sie mit den Eigenschaften Ihres Lebenspartners sind, desto schneller füllt sich Ihr Karmagefäß.

Und jetzt versuchen Sie sich zu erinnern, welche Ihrer Angewohnheiten oder Eigenschaften Ihre/n Gattin/en besonders aufregen. Offensichtlich idealisiert auch sie/er Eigenschaften und Werte. Je mehr sie/er mit Ihnen unzufrieden ist und je mehr Vorwürfe sie/er Ihnen macht, desto schneller füllt sich ihr/sein Karmagefäß. Mit entsprechenden Konsequenzen.

Sobald Sie alles über Ihre "Erziehung" erfahren haben, müssen Sie eine Entscheidung treffen. Sie können zwar durch Logik die Richtigkeit Ihrer Anschauung beweisen. Aber davon wird Ihr Leben nicht besser. Wie sollen Sie denn von den überflüssigen Idealisierungen abkommen?

Verzicht auf Idealisierungen

Es stellte sich heraus, dass es gar nicht schwer ist. Der Menschheit ist dieser Weg schon längst bekannt. Das ist der **Weg der Vergebung**. Vergeben Sie Ihrem Gegenüber alles, was sie/er falsch macht. Egal wie schwer das für Sie ist. Verstehen Sie, dass sie/er das alles nur zur Ihrer "Erziehung" macht, damit Sie sich von Ihren Idealisierungen losreißen. Und sie/er tut das unbewusst, nach dem Willen der Höheren Gewalt. Sie können sich sicher sein, dass sobald Sie ihrem Gegenüber alles, was sie/er tut, vergeben und sie/ihn so akzeptieren, wie sie/er ist, so wird sich Ihr Gegenüber sofort ändern. Sie/Er wird Sie nicht mehr "erziehen" müssen und nicht mehr so handeln, dass Sie sich darüber aufregen müssen.

Das Gleiche wäre der Fall, wenn Ihr Gegenüber sich mit den von uns vorgeschlagenen Erklärungen über Ihre karmische "Erziehung" bekannt machen und Ihnen alles vergeben würde, denn dann würde Ihnen der starke Hang zu Ihren Vergnügungen schnell vergehen. Aber die Vergebung ist noch nicht alles. Das ist nur die **erste Etappe** der Besserung Ihres Lebens. Der Mensch kann heute jemandem etwas aufrichtig vergeben, doch morgen wird er sich wieder über dieselben Dinge ärgern. Deswegen ist hier Vergebung nicht genug. Nachdem Sie die Werte, an denen Sie "gehangen" haben, erkannt haben, sollten Sie zuallererst vergeben (dem Leben, den Freunden, dem Schicksal), und **dann sollten Sie eine Lebensposition einnehmen, die es Ihnen nicht erlauben wird, dieselben Dinge wieder zu idealisieren**.

Gerade diese Varianten der Lebenseinstellungen besprechen wir ausführlich im dritten Kapitel. Sollten Sie aber schon so ein Problem haben, können Sie gleich darein schauen.

Wir aber werden jetzt einen anderen Bereich unserer karmischen "Erziehung" betrachten: Verhältnisse zwischen Eltern und Kindern.

1.5. Karmische Wechselwirkungen bei Konflikten mit Kindern

Kinder sind auch ein Mittel der karmischen "Erziehung", wobei die **"Erziehung" ihrer Eltern gemeint ist**. Sie "erziehen" sie durch ihren Charakter, ihre Angewohnheiten, ihr Benehmen, ihre Lebensansichten usw.

Unseren Beobachtungen nach macht den Eltern das **erste Kind** (wenn es in der Familie mehrere Kinder gibt) die meisten Sorgen. Vielleicht befürchtet die Höhere Gewalt, dass es nur ein Kind geben wird, deswegen wird ihm auferlegt, die "erzieherischen" Maßnahmen mit den Eltern durchzuführen. Das bedeutet, dass das Kind mit einer Seele geboren wird, die gegensätzliche Werte als die seiner Eltern idealisiert (oder die nur eines Elternteiles, das diese "Erziehung" am nötigsten hat).

Dem Kind werden gegeben:

- Gegensätzliche Eigenschaften zu denen, die seine Eltern idealisieren;
- Eigenschaften, die seine Eltern an Menschen verachten.

Gerade diese Eigenschaften werden die Eltern als so ärgerlich empfinden, dass sie sich "erzieherisch" auswirken werden.

Zerstörung der Idealisierungen bei den Eltern

So kann insbesondere ein drogensüchtiges Kind das überschüssige "Hängen" der Eltern an Disziplin, Ordnung, Moralnormen und gesellschaftlicher Meinung zerstören.

Ein Kind, das in der Schule schlecht ist, zerstört die Idealisierungen des Wissens, Intellektes, der Planung des Lebens.

Ein Kind, das zu einer Punker-, Rocker-, Raper-, usw. Clique gehört, soll die Idealisierungen der gesellschaftlichen Meinung, Verhaltensmaßregeln und Moralnormen ruinieren.

Ein Kind, das sehr früh sexuell aktiv wird, zielt auf die puritanischen Ansichten der Eltern bezüglich des sexuellen Kontaktes ab.

Ein Kind, das viel an geistigen Werten hängt, betrifft die Idealisierung der materiellen Güter.

Ein Lügner und Dieb wird das Kind von den Eltern mit übertriebener Ehrlichkeit.

Ein sehr unabhängiges Kind zerstört das übertriebene Streben seiner Eltern nach totaler Kontrolle über das Leben des Kindes.

Ein Kind, das an materiellen Werten hängt, zielt auf die übertriebene Geistigkeit der Eltern ab, usw.

Es gab schon immer Probleme in der Eltern-Kind-Beziehung. Die Eltern verneinen das Neue und richten sich nach dem Alten, als wäre es das richtige Muster. Und die Jugend hat schon immer das Alte nicht leiden können und stets das Neue hoch geschätzt. Auf diese Weise haben sie einander "geheilt". Und sie werden einander noch sehr lange "heilen". Das Medikament zur Lösung für diese Situation ist dasselbe: gegenseitige Vergebung und Akzeptanz der Anschauungen und Positionen der gegensätzlichen Seite.

Man kann gewiss Prognosen aufstellen, welche Züge das künftige Kind besitzen wird, besonders das erste. Dazu sollte man das System der Idealisierungen wenigstens eines Elternteils kennen.

Kinderlosigkeit

Und wenn Menschen keine Kinder haben. Was kann der Grund dafür sein? Höchstwahrscheinlich kommt es davon, dass die Eltern eine Familie mit Kindern idealisieren und **sich das Leben ohne Kinder nicht vorstellen können**. Deswegen ist die Höhere Gewalt gezwungen, diese Idee zu vernichten. Sie leben jahrelang ohne Kinder und machen sich große Sorgen darüber. Aber die Situation kann sich verändern, wenn sie ihre Lebensansichten überprüfen und verstehen, dass sie auch ohne Kinder ein schönes Leben voller freudiger Geschehnisse führen können. Dass ein Kind eben dieses Leben nicht ausmacht, sondern nur noch reicher macht.

Eine andere Ursache für die Kinderlosigkeit kann darin bestehen, dass das Kind die Eigenschaften besitzen müsste, die das Wertesystem seiner Eltern zerstören würden, damit sich die falschen Überzeugungen der Eltern verbessern. Aber die Anzahl solcher Eigenschaften kann so groß sein, dass ein Kind, das diese karmische Aufgabe erfüllen würde, seine eigene Lage unvermeidlich stark verschlechtern würde. Das heißt, es würde den Füllgrad seines Karmagefäßes ganz bestimmt erhöhen. Und damit das nicht geschieht, lässt man die Kinder nicht in diese Welt hinein.

Deswegen müssen Eltern, wenn sie sich sehr ein Kind wünschen, ihr Sortiment überschüssiger Ideen über die Weltordnung, die ihnen wichtig sind, verkleinern. Sie müssen ihre Idealisierungen und ihr Anschauungssystem noch einmal überprüfen, dieser Welt vergeben und sie akzeptieren, um damit die künftige karmische Last ihres Kindes zu verringern. Erst dann kann es auf die Welt kommen.

1.6. Karmische Wechselwirkungen im Berufsleben

Die meisten Menschen verbringen die Hälfte ihres Lebens auf der Arbeit, manche sogar noch mehr, von so genannten "Workaholics" ganz zu schweigen.

Die Arbeit gibt dem Menschen sehr viel: materielle Versorgung, Macht, Selbstverwirklichung und vieles mehr. Dementsprechend bekommt der Mensch gerade hier eine Menge Gelegenheiten sich an etwas zu "hängen", und deshalb wird er "erzogen".

Das Sortiment der Objekte für Idealisierungen und falsche Überzeugungen ist hier dasselbe wie in anderen Situationen.

Idealisierung materieller Werte

Bei der Arbeit, besonders in einer reichen Firma, ist es sehr leicht damit anzufangen, **Geld und materielle Güter** zu idealisieren. Dabei meint man, dass es ohne Geld kein Leben geben kann, und verachtet diejenigen, die wenig Geld haben. Oder umgekehrt, man fühlt sich vom Leben gekränkt, weil man nicht so viel Geld und andere Güter hat.

Das bedeutet aber nicht, dass man nach Geld und anderen Gütern nicht streben soll. Sie können so viel bekommen, wie Sie wollen. Wichtig ist Ihr Verhältnis zu diesen materiellen Gütern. Wenn Sie diese idealisieren, wenn Sie meinen, dass das Leben ohne diese Güter keinen Sinn hat, dann werden sie große Probleme bekommen.

Die Erscheinungsformen dieser Idealisierungen können ganz verschieden sein. Jemand hasst reiche Leute und meint, ihr Leben sei ihnen deshalb gelungen, weil sie so viel Geld haben. Ein anderer Mensch träumt davon, sich ein brandneues Auto zu kaufen, und fühlt sich dann vom Leben beleidigt, wenn die Verwirklichung seines Traumes verschoben wird. Der dritte meint, der

Sinn des Leben bestehe in einem bestimmten Einkommen, und wird aggressiv, wenn ihm das Geld entwischt. Und so weiter.

Sie können nach einem guten Einkommen, Auto oder Ferienhaus streben. Aber Sie dürfen es dem Leben nicht für eine längere Zeit übel nehmen, wenn etwas schief läuft. Obwohl Sie natürlich auch mal böse sein dürfen, Schimpfworte in den Mund nehmen und mit der Faust auf den Tisch schlagen. **Wichtig ist, dass Sie keine lang anhaltenden negativen Emotionen im Inneren aufbauen.** Sollten solche doch entstehen, so wird Sie Ihr "Aufseher" in einen noch viel schlimmeren Zustand versetzen, und erst an dem Punkt werden Sie begreifen, dass es sich nicht lohnte, sich aufzuregen. Man kann unendlich tief fallen im Leben, sogar bis zum Betteln, bis zur Paralyse und dem Tod.

Idealisierung der Macht

Ein anderes Thema für Idealisierung sind **Respekt und Verehrung**. Die einst minderbemittelten Menschen, die es unerwartet bis zum Vorstand reicher Bankinstitute und Handelsunternehmen gebracht haben, verfügen über praktisch unbegrenzte Geldquellen, Menschenressourcen, Immobilien usw. Durch die getönten Fenster ihrer Luxuswagen sehen sie verächtlich auf ihre ehemaligen und weniger erfolgreichen Kameraden herab. Und Menschenverachtung, wie Sie schon wissen, wird sehr hart bestraft. Es kann sogar zu einem Killerauftrag kommen, um die Bankierseele in die Feine Welt zu bringen. Und in keine deren hohen Schichten.

Idealisierung der Verhältnisse

Noch eine typisch falsche Überzeugung ist **der überhöhte Glaube an die Menschen, ihre Ehrlichkeit und ihr Pflichtbewusstsein**. Im Business erscheint diese Idealisierung in Form von überschüssigem Vertrauen zu Businesspartnern, wenn Sie ihnen jedes Wort glauben und keine Beweise oder gar Dokumente für ihre Zuverlässigkeit brauchen.

Menschen borgen oft voneinander Geld, und das ist normal. Aber wenn Sie den Menschen, dem Sie das Geld leihen, idealisieren, so wird er Ihre Idealisierung zerstören. Derartige Fälle sind allen gut bekannt.

Fast jeder kennt die Situation, wenn gute oder nicht sehr gute Bekannte ihre Versprechungen nicht eingehalten haben. Wenn Sie diese Leute überschüssig idealisiert und keine Maßnahmen zur Sicherung Ihrer Interessen ergriffen haben, dann bleibt Ihnen nichts anderes übrig, als sich zu grämen und vom Leben gekränkt zu fühlen. Obwohl auch das Letzte, wie Sie schon wissen, auf keinen Fall richtig ist. Denn Ihre Misere ist nichts anderes als ein **Zwangsverfahren, währenddessen Sie von den überschüssigen Idealisierungen anderer Menschen befreit werden**.

Idealisierung der Ziele, Pläne

Eine weitere falsche Überzeugung ist der Versuch, die ganze Welt unter Kontrolle zu stellen, das Streben nach Zielen um jeden Preis. Jeder Mensch plant seine Zukunft, so oder anders. Aber nicht alle Menschen ärgern sich und werden betrübt, wenn sich ihre Pläne nicht realisieren. Und gerade auf der Arbeit fällt es dem "Aufseher" leicht, den Menschen auf die Idealisierungen solcher Art zu prüfen. Je mehr einer dafür macht, dass alles nach seinen Plänen läuft, desto schlechter wird ihm das gelingen. Wenn der Mensch seine Niederlagen nicht wie im Spiel annehmen kann und stattdessen seine Pläne auch weiterhin aggressiv durchzusetzen versucht, dann wird er auf umso mehr Widerstand treffen.

Das soll aber nicht bedeuten, dass wir Sie dazu aufrufen, dass Sie beim ersten Scheitern Ihre Pläne nicht mehr verwirklichen. Nein, das nicht. Man soll Pläne aufstellen und sich für ihre Realisierung mit aller Kraft, allen Kenntnissen und aller Energie einsetzen. Aber man darf sich nicht gekränkt fühlen, wenn etwas nicht nach Plan verläuft. Sie dürfen sich auch nicht von den Menschen beleidigt fühlen, die nicht nach Ihren Anforderungen und Vereinbarungen handeln oder wenn Ihnen irgendetwas nicht gelingt. **Sie dürfen sich in Ihrem Inneren nicht beleidigt fühlen**. Äußerlich können Sie streng (aber gerecht), anspruchsvoll, ja sogar grausam sein. Dies aber nur im Rahmen des Spiels (unter dem Titel "meine Sache"), das Sie in diesem Leben führen. Sie können schreien, schimpfen, protestieren, sich beschweren und prozessieren usw., aber Sie müssen in Ihrer Seele allen vergeben, sie verstehen und bemitleiden.

Ein anderes Extrem ist die überschüssige Sorge und der Zweifel nach dem Motto: Habe ich alles richtig gemacht? Kann sich da nichts Unvorhersehbares ereignen? Habe ich denn auch nichts vergessen? Und so weiter. Dies ist dasselbe Misstrauen zu der umgebenden Welt und die **Idealisierung Ihrer Unfähigkeit die Umgebung zu beeinflussen.**.

Bedenken Sie, dass Sie bei jedem Scheitern bezüglich der wichtigsten karmischen Anforderung überprüft werden:

KEINE IDEALISIERUNGEN!

Selbstdiagnostik der karmischen Probleme auf der Arbeit

Sie können durch den Grad der Verwirklichung Ihrer Vorhaben bestimmen, auf welchem Stadium der karmischen "Erziehung" Sie sich befinden.

Wenn Ihnen nichts gelingt und Sie eine Pechsträhne haben, so werden Sie in vollem Maße "erzogen". Ihr Karmagefäß ist bis zum Halse voll, und Sie erwarten zunehmende Schwierigkeiten. Ein Ausweg ist, dass Sie Ihre Idealisierungen und falsche Überzeugungen definieren und die Höhere Gewalt um Vergebung bitten.

Damit Sie sich karmisch nicht an irgendetwas "hängen", wäre es nicht schlecht, **periodisch Ihre Arbeit zu wechseln**. Wenn Sie schon vorher wissen, dass Sie die Tätigkeit nicht über 3-4 Jahre lang ausüben werden, so werden Sie **Ihren Niederlagen und Siegen keine überschüssige Bedeutung verleihen**. Und wenn Sie sich vom Leben weniger beleidigt fühlen, so wird es mehr Siege geben.

Aber es können bei weitem nicht alle ihre Arbeit so leicht wechseln. Zum Beispiel Bergleute, Eisenbahner, Bauern usw. Solche Menschen müssen als Allererstes lernen, sich vom Leben nicht beleidigt zu fühlen, sonst wird sie das Leben umso mehr demütigen. Denn unsere irdischen Probleme interessieren unseren karmischen "Erzieher" gar nicht. Er beschäftigt sich mit der Vervollkommnung unserer Seelen.

1.7. Karmische Wechselwirkungen bei Autofahrern

Autounfall. Nur sehr wenigen Autobesitzern und professionellen Autofahrern ist es gelungen diesem unangenehmen Geschehnis zu entkommen. Die Mehrzahl aller Autos gerät früher oder später in einen Autounfall. Die Ursachen dafür sind ganz verschieden: nicht rechtzeitig auf ein Hindernis reagiert, Steuerprobleme, ein Autoteil versagt oder ein Autofahrer hat die Verkehrsregeln verletzt.

Es gibt eine Menge von Autounfällen, und nach dem Äußeren sind sie alle verschiedener Natur. Und immer meint man – ein Autounfall ist unberechenbar und unvorhersagbar. Gerade so werden Autounfälle von den meisten Autofahrern gesehen (außer, wenn man betrunken am Steuer saß).

Leider erlaubt es uns diese Methode nicht vorherzusagen, wie sich eine Situation weiterentwickelt und sie erlaubt es uns nicht Autounfälle, insbesondere mit Schwerverletzten, auszuschließen. Wir schlagen hier einen anderen Weg vor und gehen davon aus, dass nichts in der Welt ein Zufall ist.

Wie Sie schon verstehen, ist ein Autounfall ein Mittel für die Zerstörung der falschen Überzeugungen des Autofahrers. Wir können einige der häufigsten falschen Überzeugungen, die wir bei Autofahrern antreffen, herausstellen.

Idealisierung der Fähigkeiten

Die Nummer Eins der falschen Überzeugungen ist die Idealisierung eigener Fähigkeiten.

Diese Idealisierung ist charakteristisch für den, der es mag, sehr schnell zu fahren und andere Autofahrer mit erlaubten und verbotenen Mitteln zu überholen. In Erscheinung tritt sie als Gefühl, allen anderen Autofahrern überlegen zu sein. Dieses Gefühl kann in allen Lebensaspekten auftreten, darunter auch im Arbeitsleben, aber jetzt betrachten wir es bei den Autofahrern. Inhaltlich bedeutet es die Idealisierung eigener Fähigkeiten und die Verachtung anderer Menschen, die am Steuer sitzen und angeblich nur beim Fahren stören.

In Wirklichkeit haben Sie gar keinen Grund so zu denken. Denn es findet sich immer ein Rennfahrer, der viel schneller und riskanter fährt als Sie, selbst wenn Sie Blaulicht auf dem Autodach haben.

Und es gibt auch keinen Grund für die Verachtung anderer, akkuraterer Autofahrer. Sie wissen doch gar nicht, wer in den Autos da fährt. Es kann ein Priester, ein Professor oder ein Boxweltmeister sein. Der Letztere hätte nicht weniger Grund Sie verächtlich anzusehen, und im Falle eines Konflikts könnte er durchaus schlagkräftige Argumente anführen.

Ihr "Aufseher" fängt Ihre falsche Überzeugung auf, und wenn der Füllgrad Ihres Karmagefäßes eine bestimmte Norm überschreitet, so fängt er mit einer "Erziehung" an.

Die "erzieherische" Maßnahme ist ein Standard: es wird Ihnen an Beispielen bewiesen, dass **Sie doch nicht so gut fahren können**. Dafür hemmt Ihr "Aufseher" Ihre Reaktion zu einem bestimmten Zeitpunkt, und Sie geraten in einen Autounfall.

Die Höhere Gewalt ist menschenfreundlich und die "erzieherischen" Maßnahmen richten sich nach dem Schweregrad, abhängig von der Anzahl der von Ihnen verübten negativen Gedanken und Emotionen. Deswegen werden anfangs mutige Autofahrer große Schwierigkeiten erwarten. Wenn Sie keine Schlussfolgerungen daraus ziehen, so werden heftigere Maßnahmen ergriffen. Wenn die Anzahl der negativen Überzeugungen bei einem Menschen die Grenze überschreitet, wird dem Menschen das Leben genommen.

„Was soll man nun tun?“, fragen Sie. „Darf ich denn jetzt überhaupt nicht mehr schnell fahren?“ Natürlich können Sie das! **Aber Sie dürfen andere Menschen nicht nur deswegen verachten, weil sie langsamer und akkurater sind**. Verändern Sie Ihre Einstellungen. Und bemitleiden Sie die anderen wegen ihrer Unvollkommenheit. Entschuldigen Sie sich bei Ihnen in Gedanken dafür, dass Sie nicht warten können.

Es scheint eine Kleinigkeit zu sein. Aber die kann Ihnen viel Geld für Heilung und Reparaturen ersparen.

Idealisierung des Autos

Noch eine häufige falsche Überzeugung, die mit dem Autofahren zusammenhängt, ist die Idealisierung eines solchen materiellen Gutes wie des Autos.

Für viele Menschen bedeutet ein Auto den Sinn des Lebens, einen Traum, einen Beweis für Erfolg und Zufriedenheit mit dem Leben. Daraus resultieren zwei Arten von falschen Überzeugungen.

Wenn Sie einen guten Wagen besitzen, so kann das zur Ursache eines **Gefühls der Überlegenheit und Verachtung anderer Menschen** werden, die einen schlechteren oder gar keinen Wagen besitzen. Das heißt, Sie idealisieren wieder Ihre Vollkommenheit und verachten andere Menschen. Und das alles aufgrund des Besitzes eines glänzenden Stahlhaufens.

Damit Sie diese falsche Überzeugung loswerden, kann Ihr "Aufseher" Maßnahmen ergreifen, die ihre Gefühle der Selbstzufriedenheit und Verachtung vor anderen Menschen verringern werden. Bei einem Autounfall ist es nicht wichtig, wer hinter dem Steuer sitzt - Sie oder Ihr persönlicher Fahrer. Das Unterbewusste verschiedener Menschen kann zusammenarbeiten - zum Zweck Ihrer Erziehung - und findet sehr leicht eine Vereinbarung.

Wenn Sie aber den Unfall gut überstehen und Ihre Überzeugungen nicht verändern, so kann man Ihnen das Objekt Ihrer Idealisierung wegnehmen. Ihr "Aufseher" kann das sehr leicht anstellen, indem er sich mit ”Aufsehern” von Autodieben vereinbart und ihnen dabei hilft, den Grund für Ihre Idealisierung zu stehlen. Daraus folgt, dass **Sie selbst** im Verborgenen **als Initiator des Diebstahls** auftreten können.

Und umgekehrt. Wenn Sie Ihr Auto nicht idealisieren, egal ob es ein Luxus- oder ein normaler Wagen ist, wird ihm nichts zustoßen. Sie brauchen nicht erzogen zu werden, und die Autodiebe werden sich mit der ”Erziehung” anderer Autobesitzer beschäftigen.

Eine andere Variante der Idealisierung entsteht, wenn Sie einen sehr alten oder gar keinen Wagen haben. Sie bewundern andere schöne Autos und empfinden entweder einen verborgenen Hass zu ihren Besitzern, oder fühlen sich vom Leben benachteiligt. Damit idealisieren Sie den Reichtum und materiellen Wohlstand, und sind mit Ihrer Lage unzufrieden.

Damit sich Ihre falschen Überzeugungen bessern, wird Ihr ”Aufseher” Maßnahmen zur Verschlechterung Ihrer materiellen Lage ergreifen. Auch Ihr sehr alter Wagen kann in einen Unfall geraten, kaputt gehen oder gestohlen werden. Wenn Sie Geld für einen neuen Wagen sparen, so wird sich Ihre finanzielle Lage verschlimmern, so dass Ihnen Ihre frühere Lage viel attraktiver erscheinen wird. Und diese haben Sie nicht geschätzt und sich vom Leben gekränkt gefühlt.

Was ist die Schlussfolgerung? Man kann das Geld sparen und einen guten Wagen wollen. **Sie dürfen sich vom Leben nicht gekränkt fühlen, wenn es Ihnen etwas nicht gelingt** und Ihre finanzielle Lage viel schlimmer ist als die der anderen. Je mehr Sie sich gekränkt fühlen, desto mehr werden Sie ”erzogen”. Und das bis hin zu Armut, Krankheiten und sogar Tod. Denn aus dem Blickwinkel Ihres ”Aufsehers” bedeutet Ihre Seele viel mehr, als Ihre überwältigenden Leidenschaften und Gefühle.

Idealisierung der Disziplin

Wir haben die drei häufigsten falschen Überzeugungen eines Autofahrers betrachtet. Natürlich sind auch andere Idealisierungen anzutreffen, aber viel seltener. Es gibt zum Beispiel Menschen, die **Disziplin, Ordnung und Verkehrsregeln idealisieren**. Sie versuchen sich selbst an diese Regeln zu halten, und das ist im Großen und Ganzen auch vernünftig. Aber manchmal verleihen Sie dieser Regeleinhaltung viel zu große Bedeutung, und verhalten sich aggressiv gegenüber den Menschen, die diese Regeln verletzen.

Auf jeden Fall bemerkt ihr "Aufseher" diese Idealisierung und ergreift "erzieherische" Maßnahmen. Sie werden die Zerstörung Ihrer Überzeugung, dass alle unbedingt absolut diszipliniert sein sollen, überstehen. Sie werden viele undisziplinierte Autofahrer treffen müssen, die Sie zur Verletzung der Verkehrsregeln zwingen werden. Es ist auch nicht auszuschließen, dass Sie in einen Autounfall geraten, wobei Sie an der ganzen Sache schuld sein werden. So werden Sie so lange "erzogen", bis Sie auf Ihre Idealisierungen verzichten. Ihr „Aufseher“ sorgt für die Reinheit Ihrer Seele, damit sie sich nicht erzürnt und niemanden beschuldigt. Auch Ordnungsbrecher nicht.

Wir haben falsche Überzeugungen betrachtet, die für Autofahrer charakteristisch sind. Genauso könnten auch typische Fehler von Politikern, Wissenschaftlern, Künstlern usw. betrachtet werden. Jeder Mensch gehört zu einer professionellen Umgebung und manchmal teilt er ihre falschen Überzeugungen.

Aber Sie haben schon gelernt, alle Ihre Lebensgeschehnisse aus einem bestimmten Standpunkt zu betrachten: **Wenn etwas passiert ist, so heißt es, dass ich "erzogen" werde**. Es bleibt nur zu verstehen, wofür etwas passiert.

SCHLUSSFOLGERUNGEN

1. *Alle Gedanken und Taten des Menschen stehen unter ständiger Kontrolle der Höheren Gewalt. Der Mensch wird ständig "erzogen" entsprechend den Verhaltensnormen, die von der Höheren Gewalt gesetzt sind.*
2. *Der Mensch kann alles machen, was er will. Aber dabei darf er keinem Geschehnis oder Gefühl eine überschüssige Bedeutung verleihen.*
3. *Der Mensch wird ständig in einem Familienleben "erzogen". Die Ehepartner idealisieren gewöhnlich verschiedene Werte. Als Resultat werden sie ständig voneinander karmisch "erzogen", was eine der Grundursachen für Familienkonflikte ist.*
4. *Kinder idealisieren ebenso Werte, die im Gegensatz zu den Werten der Eltern stehen. Damit erfolgt die gegenseitige "Erziehung" und Zerstörung der idealisierten Werte.*
5. *Rückschläge und Zerfall all Ihrer Pläne auf der Arbeit sind ein Zeichen für Ihre aktive "Erziehung". Sie müssen Ihr Verhalten bezüglich der Pläne und anderer idealisierter Werte prüfen, und die Situation wird sich verändern.*

1.8. Möglichkeiten einer karmischen "Erziehung"

In diesem Paragraph wollen wir davon berichten, welche Möglichkeiten die Höhere Gewalt hat, um unsere verirrte Seele zu belehren.

Wie Sie sich erinnern, den Grad unserer Irrtümer können wir am Füllgrad unseres Karmagefäßes bestimmen. Dort haben wir auch erzählt, dass unser "Aufseher" einiges unternimmt, um uns die Falschheit unserer Überzeugungen zu beweisen. Heute kennen wir fünf dieser Verfahren, die das Leben für unsere "Erziehung" einsetzt. Nehmen wir diese unter die Lupe.

1. "Erziehung" durch Menschen mit gegensätzlichem Wertesystem

Dieses Verfahren der karmischen "Erziehung" wird ziemlich aktiv im Familienleben gebraucht, wo die Eheleute gewöhnlich verschiedene Wertesysteme haben und deshalb aufeinander wie "karmische Tabletten" wirken. Wenn Eltern ihre Kinder idealisieren, sind diese einfach gezwungen, jener Überzeugungen zu zerstören. Auch Businesspartner zerstören die Wertesysteme voneinander. Der Vorstand "erzieht" Unterstellte, Unterstellte "erziehen" wiederum den Vorstand, usw.

2. "Erziehung" durch Situationen, die unser Wertesystem zerstören

Hier ist es schon schwieriger auszurechnen, welcher Mensch das "erzieherische Verfahren" realisiert. Höchstwahrscheinlich sind es mehrere, und sie schaffen alle unbewusst eine Situation, in der das Wertesystem des einen zerstört wird. Zum Beispiel bleibt der Mensch, der Geld idealisiert, ohne Geld, und es ist oft unmöglich zu bestimmen, warum gerade diese Situation sich ergeben hat. Ein Mensch kann Mitarbeiter einer ruinierten Firma werden, oder sein eigenes Geschäft bricht zusammen wegen der Mietpreiserhöhung. Etwas geschieht, aber einen Schuldigen gibt es nicht.

Warum soll jetzt das Geld einem Menschen, der es idealisiert, weggenommen werden? Was ist der Sinn eines solchen "erzieherischen Verfahrens"? Es scheint uns, dass dem Menschen damit bewiesen wird, dass er **zu jedem Zeitpunkt im Paradies lebt** und dass seine Unzufriedenheit mit seiner Lage eine falsche Überzeugung ist. Glauben Sie das nicht?

Angenommen, Sie verdienen 300 Euro im Monat und sind mit dem Leben nicht zufrieden. Warum sollen Sie das auch, denn andere verdienen ein, zwei, drei Tausend oder sogar eine Million Euro im Monat. Warum ist es für Sie nicht möglich?

Im Prinzip ist es natürlich möglich. Aber Sie dürfen sich nicht vom Leben benachteiligt fühlen, sondern müssen reale Wege zur Bereicherung suchen. Wenn Sie diese Situation nicht als eine Lehre annehmen und Gott nicht um Vergebung für Ihre Beschuldigungen und Beleidigungen bitten, so wird das "karmische" Verfahren auch weiterhin andauern. Ihnen werden diese 300 Euro weggenommen, und als Ersatz bekommen Sie vollkommene Armut und einen leichten Schlaganfall (oder eine ähnliche Krankheit). Und jetzt werden Sie sich an das frühere Leben erinnern, als Sie Ihre 300 Euro noch erhielten, gesund waren und eine Arbeit mit gewünschtem Einkommen finden konnten. Das war doch fast ein Paradies im Vergleich zu der heutigen Situation, nicht wahr? Und wenn Sie im Paradies gelebt haben, warum haben Sie sich dann vom Leben gekränkt gefühlt?

Wenn in diesem neuen, schwereren, Zustand der Mensch die Falschheit seiner Überzeugungen einsieht und für seine Beschuldigungen und Beleidigungen um Vergebung bittet, so wird es ihm erlaubt, zu seiner früheren Lage zurückzukehren. Wenn der Mensch dafür dankbar sein wird, so wird er viel mehr bekommen können.

Ungefähr so geschieht auch die "Erziehung" der Menschen, die Macht, Ziele, Karriere usw. idealisieren. Die "Erziehung" erfolgt durch Situationen, in denen diese Werte zerstört werden.

3. "Erziehung" durch "Strafarbeit"

Erinnern Sie sich daran, ob es bei Ihnen irgendwelche Vorfälle gegeben hat, bei denen Sie andere Menschen laut kritisiert haben und mit ihnen unzufrieden waren. Zum Beispiel, weil jemand verspätet zu einem Termin erschienen ist oder weil sein Anzug nicht zur Situation passte. Und hat es danach nicht auch Situationen gegeben, in denen Sie selbst zu spät zu einem Termin kamen oder falsch angezogen waren? Höchstwahrscheinlich haben Sie diese zwei Fälle nicht im Zusammenhang gesehen, weil sie voneinander durch mehrere Tage, ja sogar Wochen, getrennt waren. Aber wir wollen Sie jetzt davon überzeugen, dass die Umstände gerade dafür geschaffen wurden, damit Sie sich in die Situation des Menschen versetzen, den Sie vorhin verachtet haben. Das heißt, Sie haben diese Situation selbst geschaffen, ohne das geahnt zu haben.

Deswegen sollten Sie, wenn Sie in eine Situation geraten, in der Sie sich wegen Ihrer eigenen Taten und Verhaltensnormen unkomfortabel fühlen, **versuchen zu verstehen, wozu diese Situation da ist**. Erinnern Sie sich daran, wen Sie wann für solches Verhalten beschuldigt haben. Wenn Sie sich daran erinnert haben und in Gedanken um Vergebung für Ihre Beschuldigungen bitten, so wird das Leben Sie nicht mehr in eine solche Situation versetzen.

Die beschriebene ist aber nur die leichteste Variante der Realisierung des "karmischen Verfahrens". In der Realität wird es sehr oft eingesetzt, und manchmal auch in einer recht unangenehmen Form, **z. B. als Konflikt im gegenseitigen Verhältnis zwischen Kindern und Eltern**. Wie geschieht das?

Angenommen, Ihre Kindheit war wegen des nicht gerade wohltuenden Verhaltens Ihrer Eltern nicht die beste Zeit Ihres Lebens. Es gab viele Streitereien und manchmal kam es sogar zu einer Schlägerei. Als Resultat hat sich in Ihrer Seele eine Kränkung durch Ihre Eltern eingenistet. Für sich entscheiden Sie, dass es so etwas **nie geben wird**! Sie beschuldigen Ihre Eltern. Doch wenn Sie erwachsen geworden sind und eine Familie gründen, zwingt Sie das Leben dazu, die **Position Ihrer Eltern einzunehmen**. Sie können unerklärbar gereizt werden und mit oder ohne Grund einen Streit anfangen. Und wenn Sie versuchen, das aus Ihrer Kindheit stammende Versprechen einzuhalten, so wird Sie alles dabei hindern. Ihr/e Partner/in, Ihre Kinder, Verwandte und Nachbarn werden sich auf die niederträchtigste Weise verhalten und werden Sie so lange provozieren, bis Sie die Selbstkontrolle aufgeben... Und so wird es auch weiter gehen, solange Sie die Missbilligung Ihrer Eltern nicht zurücknehmen, bis Ihre "Aufseher" derartige Maßnahmen gegen Sie nicht mehr ergreifen müssen.

4. "Erziehung" durch Verwirklichung von falschen Überzeugungen

Zum Beispiel gab es in ihrem Leben einen Vorfall, bei dem Sie eine große Geldsumme bekommen hatten und danach große Schwierigkeiten auftraten. Die Schwierigkeiten haben Sie überwunden, aber in Ihrem Gedächtnis blieb das Programm "großes Geld =Schwierigkeiten (oder =Gefahr)". Jetzt funktioniert dieses Programm unabhängig von Ihren Wünschen oder Ihrer bewussten Lebenseinstellung. Sie können bewusst nach dem großen Geld streben, aber es wird nie dazu kommen. Sie können sich entrüsten und alle Anstrengungen auf den Erfolg lenken, aber nichts wird Ihnen gelingen. Ihr eigenes Programm im Unterbewusstsein wird die Situation immer so einrichten, dass Sie jedes Mal Schwierigkeiten bekommen.

Diese Überlegungen kommen Ihnen wahrscheinlich zu schwierig vor, aber so ist es nicht. Wenn Ihnen moderne Systeme der Erfolgsprogrammierung in Business bekannt sind, so wissen Sie, dass eine der wichtigsten Bedingungen des Erfolges **Ihr Gedankengang** ist. Das heißt, Sie sollten selbst auf dem Niveau der Unterbewussten keine Programme der Befürchtungen oder Geldverabscheuung haben. Dies versuchen wir Ihnen verständlich zu machen, aber aus der Sicht der Allgemeinen Theorie der karmischen Wechselwirkungen.

Wir haben das Beispiel Geld angeführt, aber dieses Programm kann bei Ihnen zu jedem Objekt im Unterbewusstsein existieren. Sie haben sich in Ihrer Jugend in eine Blondine verliebt, und dafür hat man Sie geschlagen. Jetzt haben Sie wieder eine Blondine getroffen und sie gefällt Ihnen, aber nichts klappt mit ihr, obwohl es keine objektiven Gründe für Probleme gibt.

Alles geschieht eigentlich nach dem ersten Prinzip der Methodik der Geschehensgestaltung, das so lautet: **Sie selbst gestalten alle Geschehnisse Ihres Lebens**. Hier verwirklicht sich dieses Prinzip im vollen Maße. Eine andere Sache ist, dass **Sie selbst auch die negativen Geschehnisse Ihres Leben gestalten.** Es scheint, dass derartige Programme zu jeder ungelösten Frage im Unterbewusstsein vorhanden sein können. **Diese kann man nur durch regelmäßig auftauchende Probleme, die keine anderen Erklärungen haben, erkennen**.

Eine sehr verbreitete Quelle der negativen Programme ist die Erziehung im Kindesalter. Viele Eltern, die sich nach ihren eigenen Vorstellungen über die Erziehung richten, „belohnen" ihre Kinder mit solchen Worten wie "Blödbengel, Nichtsnutz, Faulpelz, Schwachkopf" und anderen ähnlichen Epitheta. Da die Meinung der Eltern für Kinder sehr wichtig ist, werden diese Bezeichnungen im Unterbewusstsein leicht abgespeichert und beinträchtigen danach das ganze Leben. Als Resultat kann aus einem energischen Kind ein an sich zweifelnder und ungeschickter Erwachsener werden.

Damit erfolgt tatsächlich ein psychologischer Angriff auf die Kinder durch die Eltern. Man nennt ihn auch "mentaler Fluch".

Da dieser Angriff auf mentaler Ebene vorgenommen wird, ist es sehr schwer, ihn im erwachsenen Alter zu überwinden oder umzuprogrammieren. Hier können auch keine Medizinmänner helfen, die auf der Ebene des ätherischen und sogar emotionalen Körpers arbeiten. Helfen können nur spezielle Eingriffe, welche die Veränderung mentaler Überzeugungen betreffen.

Glücklicherweise setzt sich der mentale Fluch nicht immer als negative Programm fest. Aber wir haben viele Menschen getroffen, deren Leben durch diese Programme ruiniert wurde, weil sie dadurch verschlossen, argwöhnisch und gemein geworden sind. Wie Sie verstehen, tragen solche Qualitäten wenig zur Persönlichkeitsentwicklung in unserer Gesellschaft bei.

Es gibt selbstverständlich genügend andere Ursachen für negative Programme in unserem Unterbewusstsein.

5. „Erziehung“ durch Krankheiten

Diese Methode der "Erziehung" wird von unserem "Aufseher" dann eingesetzt, wenn die anderen vier Methoden nicht funktionieren (zum Beispiel, wenn Sie sich selbst an allem schuldig fühlen) oder wenn Sie auf die Zerstörung Ihrer falschen Überzeugungen in der Außenwelt nicht reagieren. So wird das Falsche durch Krankheit zerstört.

Solch eine „karmische Erkrankung“ ist eine Krankheit der Seele (oder des Geistes, wenn wir die christliche Einheit des Körpers, der Seele und des Geistes gebrauchen wollen). Sie kommt zwar sehr selten vor, lässt sich aber gewöhnlich nur sehr schwer diagnostizieren und heilen.

Damit schließen wir die Betrachtung der Möglichkeiten der karmischen "Erziehung" ab.

Die Zeit bis zum Einsatz "erzieherischer" Verfahren

Aber es bleibt noch eine Frage offen: wie schnell wird Ihr "Aufseher" das "erzieherische" Verfahren nach der Entstehung einer falschen Überzeugung einsetzen?

Uns scheint, dass es vom Füllgrad Ihres Karmagefäßes abhängt. Wenn es zu 25-35% voll ist, so wird die "Erziehung" schon eins-zwei Tage nach der Verwirklichung Ihrer neuen Idealisierung eingesetzt. So geschieht es zum Beispiel dem Autor dieses Buches.

Anders, wenn es schon 70% sind. Das heißt, Sie werden schon seit langem und erfolglos "erzogen", aber Sie lassen das außer Acht. Das bedeutet also, dass kein Grund besteht, sich mit einer anderen "erzieherischen" Maßnahme beeilen zu müssen. Sie haben die vorige Lehre noch nicht verstanden, dann werden Sie auch die neue nicht verstehen können. Wozu die Eile, wenn Sie so stumpfsinnig sind? Die Maßnahme erübrigt sich nicht, sondern wird auf einen Monat/ Jahr/ Jahrzehnt verschoben. Also können Sie sicher sein, dass alles bei Ihnen angeschrieben sein wird und Sie es früher oder später tilgen müssen. Wann aber, hängt ganz von Ihnen ab und von Ihren Fähigkeiten Lehren zu begreifen.

Begriff Karma

Als Schlussfolgerung aller oben angeführten Überlegungen versuchen wir noch einmal zu formulieren, was eigentlich Karma ist, wie wir es verstehen. **Das Karma ist ein Erziehungssystem der Seele eines Menschen in Übereinstimmung mit den Verhaltensnormen, die von der Höheren Gewalt gesetzt sind.**

Und die Hauptnorm besteht offensichtlich darin, dass man nichts Irdisches idealisieren darf.

Die "Erziehung" wird mittels der klassischen **Methode von „Zuckerbrot und Peitsche"** durchgeführt. Bei richtigem Verhalten erhält der Mensch die Gelegenheit, fast alles zu bekommen und auszuprobieren, was er will. Bei Verletzung der Verhaltensnormen gerät er unter das "erzieherische Verfahren", dessen Schweregrad vom Grad der Sturheit und Unbegreiflichkeit des Betroffenen abhängt.

Dementsprechend, wenn der Mensch die Position eines "Spielers" oder eines "Beobachters" einnimmt, kann er sehr leicht die Signale von seinem "Aufseher" erkennen und auf sie entsprechend reagieren. Wenn er aber seine festen Überzeugungen hat und der "Erziehung" widersteht, so wird ihm letzen Endes das Leben genommen.

Das Endresultat der "Erziehung" ist es, unsere Seelen in eine derartige Ebene der Erleuchtung zu versetzen, dass man **sie sorglos in die Feine Welt gehen lassen kann**. Das heißt, im Endergebnis müssen alle Menschen Heilige werden. Aber heutzutage, wie es uns scheint, ist die Höhere Gewalt noch sehr weit von ihrem guten Ziel entfernt.

Wir haben Ihnen also von allen „Ränken" der Höheren Gewalt erzählt. Aus irgendwelchen Gründen **erlaubt SIE es heute, die Information über IHRE Mechanismen der "Erziehung" der Menschheit den Menschen zu überbringen**.

Obwohl wir nach einer kurzen Überlegung feststellen können, dass dies womöglich eine falsche Behauptung war. Alle dargelegten Kenntnisse waren schon vor mehreren Jahrtausenden bekannt gewesen. Zum Beispiel, Buddha hat vor zweieinhalbtausend Jahren die Menschen aufgerufen, sich am "Weg der Mitte" zu halten und sich den Leidenschaften nicht zu ergeben, oder – mit unserer Wortwahl – keine irdischen Werte zu idealisieren.

Unser Verdienst besteht lediglich darin, dass **wir diese altertümlichen Wahrheiten in eine moderne nichtreligiöse Sprache übersetzen**. Wir zeigen weiterhin, dass unabhängig von unserem Verhalten diese Wahrheiten jeden Tag und jede Sekunde funktionieren. Wir werden überall und immer "erzogen", ob wir es nun wollen oder nicht! Das bekannte Prinzip "die Unkenntnis der Gesetze befreit nicht von der Verantwortung" gilt auch zu 100% für die karmischen Wechselwirkungen. Es wäre besser, sie alle auswendig zu lernen, damit man sich nicht vom gemeinen Leben gekränkt fühlt. Und das Leben ist nicht nur zu Ihnen gemein, sondern zu allen Menschen!

Wahrscheinlich hat man alle Menschen deshalb über diese Information in Kenntnis gesetzt, weil das Niveau der Aggressivität und gegenseitiger Unzufriedenheit sich derart erhöht hat, dass das **allmenschliche Karmagefäß dem Überlaufen sehr nahe ist** und, wenn wir nichts unternehmen, bald eine großen Reinigung beginnt. So eine Reinigung hat es auch schon gegeben, und sie hieß die "Sintflut". Wir hegen Hoffnungen, dass es so weit doch nicht kommt.

SCHLUSSFOLGERUNGEN

1. *Die Natur nutzt fünf Möglichkeiten für die Zerstörung unserer falschen Überzeugungen.*
2. *Der Zeitraum bis zum Einsatz dieser karmischen "Einwirkungen" hängt von der Fähigkeit eines Menschen ab, auf sie zu reagieren, d.h. von dem Füllgrad seines Karmagefäßes.*
3. *Karma können wir definieren als* ***ein Erziehungssystem der Seele eines Menschen in Übereinstimmung mit den Verhaltensnormen, die von der Höheren Gewalt gesetzt sind.***

1.9. Grundbegriffe der Allgemeinen Theorie der karmischen Wechselwirkungen

Hier möchten wir gebündelt alle Ideen formulieren, die wir in allgemein verständlicher Form in den letzten vier Paragraphen geschildert haben. Wir bitten den Leser um Entschuldigung für die Trockenheit der Darlegung des folgenden Materials.

Also befinden sich alle Menschen unter der Wirkung der karmischen Hauptanforderung, die lautet: **Der Mensch soll nichts in seinem Leben idealisieren**. Idealisieren heißt dabei, einem Objekt überschüssige Bedeutung zu verleihen und lang anhaltende negative Emotionen zu empfinden, falls das reale Leben nicht damit übereinstimmt. Als Objekte der Idealisierung treten verschiedene materielle und geistige Werte auf.

Die Höhere Gewalt ergreift **Erziehungsmaßnahmen**:

- **Belohnung im Falle der Einhaltung der karmischen Hauptanforderung** - die Erfüllung der Wünsche (wie materieller Wohlstand, Macht, Erfolg in der Kunst usw.);
- **Erinnerung an die Verstöße, wenn sie begangen wurden.** Die "Erziehung" erfolgt durch die Zerstörung der Idealisierung.

Die idealisierten Werte:

1. Materielle Werte: Körper, Gesundheit, Schönheit, Sex, Geld, materielle Güter, Arbeit, Familie, Kinder, Hobbys.

2. Geistige Werte: Moralnormen und Ideale wie Ehrlichkeit, Treue und Menschenliebe; Fähigkeiten, Entwicklung, Intellekt, Schaffen, Berühmtheit, Respekt, Macht, Glauben, Vertrauen, Zukunft, Karriere.

3. Falsche Überzeugungen: Übermut, Herrschsucht, Eifersucht, Beschuldigung und Verachtung der Menschen, Gekränktheit bezüglich des Lebens, Unzufriedenheit mit sich selbst und dem Schicksal.

Alle Verstöße (Sünden) gegen die karmische Hauptanforderung summieren sich und sammeln sich im „**Karmagefäß**" (s. die Rückseite des Buches).

Gleichzeitig wird die negative Information (Sünden) unter folgenden Umständen getilgt: positive Charakterzüge, bewusste positive Taten, positive Einwirkung anderer Menschen, Erfüllung der karmischen Aufgabe.

Daraus folgt die Begriffsdefinition für das Karma.

Karma ist ein Erziehungssystem des Menschen, das sein Verhalten in Übereinstimmung mit dem Höheren Gesetz (mit der karmischen Hauptanforderung) ermöglicht.

Folglich:

1. Der Mensch besitzt eine große Wahlfreiheit und kann sich mit allen Tätigkeiten beschäftigen, dabei darf er aber nicht gegen die karmische Hauptanforderung verstoßen.

2. Die Erziehung eines Menschen erfolgt dauernd und sein ganzes Leben lang.

3. Die Belohnung für das richtige Benehmen erfolgt durch die Unterstützung der Gestaltung der Geschehnisse, an denen der Mensch interessiert ist.

4. Die Zerstörung der Werte erfolgt gerade in dem Bereich, in dem der Mensch seine Idealisierungen und falschen Überzeugungen hat.

5. Der Grad der "erzieherischen" Verfahren hängt von der Schwere des Verstoßes gegen das Höhere Gesetz zusammen und entspricht in unserer Darstellung dem Füllgrad des Karmagefäßes des jeweiligen Menschen an.

6. Mit dem Überlaufen des Karmagefäßes wird dem Menschen das Leben genommen.

7. Nach dem Tod gelangt der Mensch in eine Schicht in der Feinen Welt, die dem Füllgrad seines Karmagefäßes zum Zeitpunkt des Todes entspricht.

8. Der Geburtsort, die Familie und der Charakter eines Menschen werden durch den Füllgrad des Karmagefäßes zum Zeitpunkt des Todes im früheren Leben bestimmt.

9. Das Wissen um den karmischen Mechanismus der "Erziehung" bedeutet nicht seine Abschaffung.

Karmische "Erziehung" des Menschen, der irgendwelche irdischen Werte idealisiert und falsche Überzeugungen hat, beläuft sich auf **fünf Verfahren**:

1. durch einen anderen Menschen mit einem gegensätzlichen Wertesystem;
2. durch eine Situation, in der das System der falschen Überzeugungen zerstört oder erniedrigt wird;
3. durch das Versetzten in eine Lage, die der Mensch verurteilt oder verachtet;
4. durch eine Situation, in der sich die falschen Überzeugungen realisieren, die auf der unbewussten (emotionalen oder mentalen) Ebene existieren;
5. Durch die Anregung von Krankheiten, welche die falschen Überzeugungen des Menschen zerstören.

2. BESEITIGUNG EIGENER PROBLEME

In diesem Kapitel unseres Buches wollen wir über einige Mittel reden, die man gegen die karmischen "erzieherischen" Einwirkungen seitens der Umwelt einsetzen kann.

Woraus bestehen wir?

Was sollen wir tun, damit wir nicht "erzogen" werden? Im Großen und Ganzen: **Wir müssen unsere angehäuften negativen Emotionen beseitigen und dürfen keine neuen ansammeln**. Dafür müssen wir alle unseren Körper (Hüllen) und unter anderen auch unseren physischen Körper reinigen. Anfangen sollen wir aber nicht mit dem physischen Körper, wie es oft gemeint wird, sondern mit den feineren Körpern, und erst nacheinander zu den dichteren übergehen.

In unseren Überlegungen gehen wir von dem traditionellen orientalischen Modell des Menschen aus, das beinhaltet, dass **der Mensch aus einem physischen und sechs feinen, oder nichtmateriellen, Körpern besteht**. Der Mensch hat dementsprechend zusätzlich zu seinem physischen auch einen ätherischen (oder energetischen), emotionalen (oder astralen), mentalen und kausalen (oder karmischen) Körper. Abgesehen von diesen gibt es noch viel feinere Körper, aber wir wissen noch nicht, wie wir sie behandeln können. Deshalb schließen wir sie erst einmal von der Betrachtung aus. Wie wir aber mit den genannten feinen Körpern umgehen können, werden wir Ihnen gleich mitteilen.

Was werden wir reinigen?

Wird es uns denn auch gut tun, wenn wir alles auf einmal und gründlichst reinigen? Alles nicht so einfach. Denn es ist auch nicht schwer zu verstehen, dass eine totale Reinigung auch Verlust an Interesse am Leben bedeutet.

Es wurde schon erwähnt, dass ein vollkommen leeres Karmagefäß nur Heilige besitzen, die **keine eigenen Wünsche in dieser Welt haben**. Wenn wir den Weg der totalen Reinigung gehen, so werden wir auch in diesen Zustand gelangen: Alles ist Ihnen möglich, Sie wollen bloß nichts. Kein Ereignis macht Ihnen Sorgen, Sie empfinden alles auf die gleiche Art und Weise. Sie sind so gelassen „wie ein Fisch im Kühlschrank".

Gefällt Ihnen derartige Perspektive? Höchstwahrscheinlich nicht. Für Sie ist das eigentlich unerreichbar. Ihr Blut kocht auf, das Fernsehen und die Presse verleiten Sie durch eine ganze Menge von angenehmen Sachen, Ihre Verwandten und Bekannten provozieren Streitigkeiten. Das Leben nimmt seinen vollen Lauf und es gibt keinen Ausweg. Was tun?

Wir schlagen Ihnen vor, **Ihr Heiligsein bewusst zu beschränken**. Das heißt, Sie wählen ein paar Ventile, die für Sie besonders wichtig sind, und lassen durch diese Tropfen ins Karmagefäß hinein. D.h., Sie erlauben sich eine leichte Form von Idealisierung in einigen Lebensaspekten. Das können z.B. Liebe oder Familienverhältnisse, Geld oder Kunst usw. sein. Die anderen Ventile sollen aber fest zugedreht sein. Fest verschlossen – Sie ärgern sich nicht, Sie empfinden nichts. Auf diese Weise können Sie ein angenehmes Leben führen, und Ihr Karmagefäß wird zu 45-55% gefüllt sein. Und dieser Füllgrad, wie wir schon erwähnt hatten, ist der optimalste für die Bestellung (und Erfüllung) all Ihrer Wünsche.

Wenn Ihnen diese Vorschläge gefallen, so gehen wir zu der Beschreibung dessen über, welche Verfahren und Möglichkeiten es gibt, um dieses angenehme Leben führen zu können. Wenn Sie sich aber mehr vorgenommen haben, so werden diese Verfahren für Sie auch nicht nutzlos sein, allerdings bringen sie Sie nicht ganz so weit. Dazu gibt es andere, viel kompliziertere Verfahren. Doch jetzt zur Reinigung.

2.1. Probleme des karmischen Körpers

In diesem Paragraph beschreiben wir, welche Probleme die negativen Informationen, die in unserem kausalen (karmischen) Körper gespeichert sind, verursachen können.

Es ist bekannt, dass dieser Körper einer der feinen Körper ist, die zu unserer Seele gehören, d.h. zu unserer **unsterblichen Komponente** (Monade), die aus einem Leben in ein anderes im Laufe der Reinkarnationen übergeht. Daher könnte dieser Körper (es kann auch ein anderer Körper sein) die Information über die Probleme aus den früheren Leben speichern.

Nicht alle Probleme kommen aus den früheren Leben

Unsere Erfahrung zeigt, dass **nicht jeder Mensch diese Probleme hat**. Die Ursachen für die Missgeschicke sollten nur dann in früheren Leben gesucht werden, wenn die Probleme des laufenden Lebens nicht aus ihm heraus resultiert werden können. Es gibt sehr wenige derartige Probleme. Solche Probleme treten zu Tage in unerklärbaren Handlungen, in Ängsten (Phobien) oder in unbegreifbaren Wechselbeziehungen mit anderen Menschen (beim Vorhandensein des karmischen Knotens).

Wir hatten Fälle, in denen ein erwachsener Mensch sich vor Wasser fürchtet und nicht schwimmen kann, obwohl er niemals dem Ertrinken nahe war. Oder ein Mensch hat Angst in einem geschlossenen Raum zu bleiben, obwohl er niemals sehr lange allein sein musste. Noch jemand kann an keinem herrenlosen Hund vorbeigehen ohne ihm (voller Schuldgefühle und wider den Verstand) sein letztes Essen zuzuwerfen. Ein anderer fürchtet sich vor Einsamkeit, dabei war er immer von Leuten umgeben. Angst vor Dunkelheit, Angst vor roter Dämmerung usw. gehören auch dazu.

Die Phobien können in vielen Erscheinungsformen auftreten, und **ein Teil der Ursachen liegt in unseren früheren Leben**.

Suchen Sie zuerst in der Gegenwart

Wir zweifeln daran, dass wir die Ursachen für diese Probleme nur in früheren Leben suchen sollen. Wir begegnen sehr oft Menschen, denen verschiedene Hellseher eine ganze Menge von Sünden aus den früheren Leben nachsagen, darunter auch Taten von unbekannten Uromas und -opas. Und das jetzige Leben sollte demnach eine Art Büße sein.

Diese Vorgehensweise macht den Menschen absolut wehrlos gegen seine Vergangenheit und abhängig von „seinem" Hellseher. Damit gelangt der Mensch aus der Gefangenschaft der religiösen (oder politischen) Sünden in die Gefangenschaft der Sünden aus den früheren Leben. Es ist unwichtig, welche Sünde es ist, möglich wird nun die Manipulation des Menschen!

Hier bieten wir eine andere Vorgehensweise an. Wir verneinen nicht das Vorkommen (aber sehr selten!) derartiger Probleme, die aus den früheren Leben stammen, sondern raten Ihnen, **selbst zu bestimmen**, welche Probleme Sie in früheren Leben hatten. Das heißt, **welche Informationen über die früheren Probleme Ihre unsterbliche Seele in dieses Leben mitgebracht hat**.

Wie bestimme ich selbst meine Vergangenheit?

Zuallererst müssen Sie Ihr jetziges Leben analysieren, davon ausgehend, dass Sie womöglich "erzogen" werden. Das heißt, Sie bestimmen Ihre falschen Überzeugungen, Idealisierungen und dementsprechend eines oder mehrere der fünf laufenden Verfahren für Ihre „Erziehung". Nur wenn Ihr Fall keine Erklärung im Rahmen des Modells des Karmagefäßes findet, gehen Sie weiter und fragen sich, **welche negativen Ereignisse sich in Ihren früheren Leben abgespielt haben könnten**.

Wenn Sie zum Beispiel Angst vor Wasser haben und auch nicht schwimmen lernen wollen, so haben Sie diese Angst höchstwahrscheinlich von einem Ihrer früheren Leben/Tode in Ihrem karmischen Körper gespeichert. Wie das alles geschah, ob Sie mit einem Schiff oder alleine in diese Situation gerieten, oder ob Sie ertränkt wurden, muss geklärt werden, damit diese alte Information später von der neuen „umgeschrieben" werden kann. Aber die Angst vor dem Wasser kann nur in dem Fall zu den karmischen Problemen gezählt werden, wenn für Sie in **diesem Leben niemals die Gefahr zu ertrinken bestand**. Bestand solche, so hat sich diese Information in Ihrem emotionalen Körper eingespeichert, und das ist schon kein karmisches Problem mehr und kann unter anderem mit Mitteln der modernen Psychologie behandelt werden.

Wie lese ich die Information selbst ab?

Was sollen wir aber tun, wenn wir für die Umprogrammierung des Gedächtnisses genau wissen müssen, welche Ereignisse in den früheren Leben vorgekommen sind?

Sie können zum Beispiel **während der Meditation** das gewünschte Bild abfragen. Das gelingt immer sehr gut, wenn Sie sehr emotional sind und Ihre Phantasie hoch aktiviert ist. Die Art der Meditation ist egal, es gibt auch eine spezielle Reinkarnationsmeditation.

Sie können sich **vor dem Schlaf** eine Frage stellen. Die Antwort kann im Schlaf kommen. Besonders gut funktioniert dies, wenn Sie die Frage ein paar Dutzend Mal wiederholen. Die Antwort kann in Form eines Traumes über die Geschehnisse Ihres früheren Lebens kommen.

Sie können sich direkt an Ihr Unterbewusstsein richten. Wie man das machen kann, ist ausführlich im letzten Kapitel unseres Buches beschrieben.

Im Notfall können Sie sich **an die Hellseher wenden**. Wichtig ist, dass Sie mit derselben Frage nicht gleichzeitig zu mehreren Hellsehern gehen, da die Antworten unterschiedlich sein können und Sie dann in eine Sachgasse gelangen. Erst wenn sich bei Ihnen nach einer Weile nichts gebessert hat, nehmen Sie andere Hilfe in Anspruch.

So verfahren Sie mit **Problemen**, die durch das Karmagefäß nicht zu erklären sind. Wichtig ist nur, sich davon nicht fortreißen zu lassen. Unseren Beobachtungen nach **liegen die Ursachen von 95% aller heutigen Probleme in falschen Überzeugungen und Idealisierungen**. Und nur die restlichen 5% sind Probleme aus früheren Leben.

Was sollen wir mit der erhaltenen Information machen?

Nehmen wir an, Sie wissen jetzt, was sich in Ihrem vergangenen Leben ereignete. **Sie sollen die negative Information, die sich im karmischen Körper abgespeichert hat, umkodieren**. Sie können Ihre Vergangenheit nicht verändern – sie ist vorbei und kommt nicht wieder zurück, und ihre Spuren lassen sich korrigieren. Dazu empfehlen wir Ihnen folgende Übung.

Sie können sie direkt während der Meditation machen, wenn Sie die Ereignisse aus den früheren Leben sehen. Oder später zu einem beliebigen Zeitpunkt, wenn Sie diese Information beispielsweise im Traum gesehen, durch Anfrage an Ihr Unterbewusstsein oder mittels eines Hellsehers erhalten haben.

Übung 1. Umkodierung der Vergangenheit

Sie brauchen 15-20 Minuten Zeit, in der Sie von niemandem und nichts gestört werden können.

Nehmen Sie eine Ruhestellung ein, schließen Sie die Augen, entspannen Sie Ihre Muskeln und lassen Sie sich durch keine Gedanken stören.

Betrachten Sie das Ereignis in allen Details, wenn es möglich ist, oder stellen Sie sich vor, wodurch das karmische Problem aufgetreten ist (Sie ertrinken, Sie werden zugeschüttet, Sie töten einen Menschen oder ein Tier, Sie werden ermordet usw.).

Jetzt "spulen" Sie das Bild zum Anfang zurück, bis dahin, wo das Ereignis beginnt. Und geben ***Sie dem Ereignis bewusst ein glückliches Ende.***

Zum Beispiel: Sie schweben in Gefahr zu ertrinken, doch plötzlich bekommen Sie neue Kraft, Sie leisten ein paar kräftige Schwimmzüge mit den Händen und kommen an die Oberfläche. Dort helfen Ihnen Menschen ins Rettungsboot.

Freuen Sie sich über das glückliche Ende des Unglücksfalls. Bedanken Sie sich in Gedanken bei Gott und bei Ihrem Schutzengel für die Rettung.

Öffnen Sie jetzt die Augen und stellen Sie sich auf den normalen Lebenslauf ein.

Wie Sie sehen, ist diese Übung gar nicht schwer. Sie ist allen Menschen zugänglich, die wenigstens etwas auf ihrem „inneren Bildschirm“ erkennen können. Wenn das nicht der Fall ist, so kann diese Übung trotzdem ausgeführt werden. Nur anstatt des Bildes sollten Sie dann alles leise vor sich hin sprechen. Es wird sich positiv auswirken.

Derartige Umkodierungen der Information über Ereignisse, die es in Ihrer Vergangenheit gegeben hat, sind sehr effektiv. Sie müssen „nur“ genau wissen, was damals eigentlich passiert ist (gewöhnlich geht es um einen vorzeitigen Tod). Es ist nicht einfach, aber möglich.

Wir kodieren unsere Träume um

Diese Übung hat einen größeren Anwendungsbereich als nur die Umkodierung des Gedächtnisses. Wir empfehlen Ihnen diese Übung anzuwenden, **wenn Sie häufig Alpträume haben**. Wenn Sie aus dem Schlaf schrecken, weil Sie abstürzen, von einem Auto überfahren werden, von jemandem verfolgt werden oder auf eine andere Weise gefoltert, so lassen Sie den Traum nicht weiter so sein wie er ist. Kodieren Sie ihn zum Besseren um!

Dazu müssen Sie im wachen Zustand gleich nach dem Traum Ihre Augen schließen, den Alptraum wieder in Erinnerung rufen und ihn mit einem glücklichen Ausgang versehen. Wenn Sie von einem Berg runterfallen, so sind unter Ihnen nicht Steine, sondern Wasser. Sie platschen hinein, schwimmen an die Oberfläche und danach zum Ufer. Sie werden verfolgt, doch plötzlich erscheint die Polizei, nimmt den Übeltäter fest und bringt Sie nach Hause. Und so weiter. **Dadurch können Sie Ihre reale Zukunft zum Besten verändern!** Es kann sein, dass Sie im Schlaf eine Information über ein Ereignis in nahe liegender Zukunft erhalten. Und wenn Sie diese Information dann berücksichtigen, werden Sie wahrscheinlich einen sicheren Weg gehen. Helfen Sie sich den richtigen Weg zu wählen!

Wenn Sie also die Information über negative Ereignisse in Ihren früheren Leben korrigieren möchten (d.h. auch Ihren karmischen Körper reinigen), sollten Sie diese Information begreifen und in Gedanken umändern: der Anfang bleibt derselbe, im Verlauf ergibt sich aber ein glücklicher Ausgang. Wir wünschen Ihnen viel Erfolg auf dieser Etappe der Reinigung.

SCHLUSSFOLGERUNGEN

1. *Um "erzieherische" karmische Einwirkungen zu meiden, muss eine Reinigung aller feinen Körper des Menschen durchgeführt werden.*
2. *Die Reinigung der feinen Körper soll mit dem karmischen Körper beginnen. Allerdings ist der karmische Körper nur bei ca. 5% der Menschen belastet (ein Problem aus dem/den früheren Leben).*
3. *Um den karmischen Körper reinigen zu können, müssen Sie genau erfahren, welches negative Ereignis sich in Ihrem früheren Leben abgespielt hat. Das lässt sich durch Meditation und Träume, durch eine Anfrage an das Unterbewusstsein oder mit Hilfe von einem Hellseher machen.*
4. *Die Reinigung des karmischen Körpers besteht darin, dass Sie in Gedanken den Verlauf des Ereignisses so verändern, dass es einen glücklichen Ausgang bekommt.*
5. *Diese Korrektur in Gedanken soll auch dann angewendet werden, wenn Sie eine Information über die negativen Ereignisse in Ihrer möglichen Zukunft erhalten (zum Beispiel im Traum).*

2.2. "Igel der Geschehnisse". Immer einen Schritt voraus

Wir setzen mit der Betrachtung der Möglichkeiten zur Reinigung der feinen Körper fort.

Dem karmischen Körper folgt (der Dichte nach) der mentale Körper, in dem all unsere Ideen, Kenntnisse und Informationen über unsere Erfahrungen gespeichert sind. Dort werden auch alle unsere Idealisierungen gespeichert, die unser rastloser Verstand schafft. Und wie Sie schon wissen, die Idealisierungen sind die Basis für die Unzufriedenheit mit dem Leben, den steigenden Füllgrad des Karmagefäßes und die "erzieherischen" karmischen Einwirkungen auf uns.

Das bedeutet also, dass wir in der nächsten Etappe der Beseitigung der "erzieherischen" Einwirkungen diejenigen **falschen Überzeugungen und Idealisierungen loswerden sollen, die sich in unserem mentalen Körper angesammelt haben**.

Begreifen Sie – Sie leben im Paradies!

Unser Motto lautet: **Sie müssen einsehen, dass Sie in jedem Augenblick im Paradies leben!** Zu jedem Zeitpunkt, wie schwer er auch sein mag!

„Wie bitte? Das ist doch kein Paradies, denn schlimmer geht es nun wirklich nicht."

Wenn Sie sich aber überlegen, ob es doch schlimmer werden kann, was dann? Daran haben Sie höchstwahrscheinlich nicht gedacht. Wozu auch, denn alle Methoden, darunter auch unsere Methode der Geschehensgestaltung, fordern uns auf an das Gute zu denken.

„Wir versuchen das auch, aber das Leben wird nur schlimmer und schlimmer."

Warum es Ihnen immer schlechter geht, ist klar. Sie sind mit dem Leben unzufrieden, Ihr Karmagefäß füllt sich und das Leben erfindet immer heftigere "erzieherische" Verfahren. Wir weisen Sie darauf hin, dass dies eben nicht Strafe oder Rache sind, sondern eine laufende Korrektur Ihrer falschen Überzeugungen.

Da wir immer von einem besseren Leben träumen und unzufrieden sind mit unserer heutigen Lage, wird sich jene höchstwahrscheinlich auch noch weiter verschlimmern. Deshalb raten wir Ihnen, angesichts der Gefahr nicht Ihren Kopf in den Sand zu stecken, sondern einen tapferen Blick auf Ihre unerfreuliche Zukunft zu werfen, in der es Ihnen bestimmt schlechter gehen wird. Inwiefern schlechter hängt nur davon ab, welchen Lebensaspekt es betrifft. Wenn Sie mit Ihrem Familien- oder Privatleben nicht zufrieden sind, so wird sich die Lage eben in diesem Bereich verschlimmern. Wenn Sie aber nicht viel von der Arbeit halten, so werden Sie dort viel Erfolg haben und auch viel Geld verdienen können. Oder aber auch umgekehrt.

Was sollen wir denn nun machen, wie entkommen wir all diesen Schwierigkeiten, wenn wir unsere Idealisierungen schon kennen? Wie können wir sie beseitigen, wenn wir ihnen schon so nah sind?

Das ist ganz einfach: Sie sollen verstehen, dass Sie jetzt im Paradies leben.

Und diese Vorgehensweise, bei der Sie annehmen, dass Sie im Paradies leben, kann alle Ventile an Ihrem Karmagefäß zudrehen und Ihren mentalen Körper reinigen.

Diese Idee ist einfach, doch unsere Erfahrung zeigt, dass es sehr schwer ist, sie zu verwirklichen, auch wenn Sie alle Ihre falschen Überzeugungen kennen.

Sie müssen Mittel (er)finden, die auf dem Niveau Ihres Verhaltens in Bezug auf Ihr Leben und auf dem Niveau Ihrer Überzeugungen funktionieren. Gibt es denn überhaupt solche Mittel? Selbstverständlich gibt es die. Die Menschheit hat schon vieles erfunden.

Affirmation

Diese Technik dient dazu, Negatives aus Ihrem mentalen Körper zu entfernen und ihn mit positiven Gedanken zu füllen.

Ihr ruheloser Verstand hat Sie schon viele Jahre lang mit verschiedenen falschen Überzeugungen und Idealisierungen gefüllt. Um sie zu beseitigen, müssen Sie sich **so intensiv und energisch wie möglich mit positiven Gedanken füllen**. Die Gesamtmenge positiver Gedanken darf nicht geringer sein als die vorhandene Anzahl falscher Überzeugungen. Da Sie aber nicht so viele Jahre für diese Beseitigung zur Verfügung haben, **muss die Intensität der Umprogrammierung sehr hoch sein**.

Das lässt sich gut in Gruppen machen, mit einem professionellen Leiter, der eine hochenergetische Atmosphäre der kollektiven Glückseligkeit schafft. Es reichen zwei bis drei Seminare, und anstatt der Beurteilungen haben Sie dann nur noch Liebe im Kopf.

Wenn Sie aber selbst mit Hilfe von Büchern üben, dann wird das Resultat auf sich warten lassen. Es wird Ihnen schwer fallen, euphorisch zu werden, wenn Ihr Kopf mit Problemen und Zweifeln voll ist. Einigen gelingt das, und das ist gut. Affirmationen funktionieren. Was sollen nun diejenigen machen, die an das Gute gern glauben möchten, in deren Köpfen jedoch nur negative Gedanken herumwirbeln, ohne dass sich dagegen etwas machen lässt?

Hier bieten wir Ihnen noch eine rein mentale Technik für Arbeit mit Ihren falschen Überzeugungen an.

Wir warten nicht auf die schlechte Zukunft

Diese Technik ist einfach und geht davon aus, dass wir nicht darauf warten werden, bis das Leben alle seine "erzieherischen" Maßnahmen gegen uns ergriffen hat. **Wir gehen einen Schritt voraus: wir lassen alles zu, was als "Erziehung" gelten kann**. Nicht in der Realität, sondern in Gedanken. Wie sollen wir das machen? Na ganz einfach! Dazu haben wir eine Übung, die wir den „Igel der Geschehnisse" genannt haben.

Nun wollen wir betrachten, wie es funktioniert, wenn Sie auf einer Variante der Geschehensentwicklung bestehen und nicht zulassen, dass das Leben auch anders sein kann. Zum Beispiel: Sie sehen Ihren Vater (oder Ihre Mutter) als einen anständigen, respektvollen Menschen. Wahrscheinlich ist er auch so gewesen, Sie können es sich anders gar nicht vorstellen (Idealisierung der zwischenmenschlichen Beziehungen). Deshalb wird er jetzt im hohen Alter möglichst seine negativen Charakterzüge zur Schau stellen, wie Brutalität und Skandalbereitschaft. Und **je mehr Sie ihn dafür verantwortlich machen, desto schlimmer wird er** in Bezug auf Sie. Sein Umgang mit den anderen Menschen könnte sowohl gut als auch schlecht sein. Aber in Bezug auf Sie wird sich das "Schlechte" in seinem Verhalten immer weiter zunehmen, solange Sie Ihre Beziehung zu ihm nicht korrigieren. Aber eben dies ist sehr schwierig.

Sie meinen, Ihr Vater sei der größte Übeltäter der Welt? Wenn Sie ein wenig nachdenken, werden Sie verstehen, dass es nicht so ist. Sie werden immer einen schlechteren Menschen finden können. Stellen Sie sich doch Ihren Vater noch schlechter vor, als er wirklich ist. Sie sehen dann, wie schlimm er noch werden könnte! Doch er wird es nicht, wenn Sie Ihre Beziehung zu ihm ändern! Dabei könnte Ihnen die folgende Übung helfen:

Übung 2. "Igel der Geschehnisse"

Sie brauchen 15-20 Minuten Zeit, in der Sie von niemandem und nichts gestört werden können.

Nehmen Sie eine Ruheposition ein, schließen Sie Ihre Augen, entspannen Sie Ihre Muskeln und lassen Sie sich durch keine Gedanken beunruhigen.

Stellen Sie sich Ihr Leben als eine ganze Menge von Varianten vor, als einen Satz Nadeln, die aus einem Punkt herausragen. Das entspricht dem Bild eines zusammengerollten Igels.

Unter allen möglichen Varianten der Geschehensentfaltung existiert sicher die für Sie optimale Variante(eine von vielen Nadeln). Das Leben bietet Ihnen darüber hinaus eine Reihe von immer schlimmer werdenden Situationen (Nadeln).

Stellen Sie sich vor, wie sich Ihr Leben weiter entfalten wird, wenn die "erzieherischen" Maßnahmen weiter gegen Sie ergriffen werden und sich alle Varianten des Geschehens verwirklichen (Sie betrachten eine Nadel nach der anderen).

Sie erleben alle Varianten der Verschlechterung Ihrer Lage innerhalb von 10-15 Minuten. Sie stellen sich vor, was Sie unternehmen werden, wie Ihre Beziehung zu anderen Menschen und der Welt aussehen wird und welche Gedanken Sie haben werden.

Am Ende jeder Variante sagen Sie in Gedanken: "Herr, solltest Du mein Leben derart gestallten, so nehme Ich es an, ohne mich dabei zu beschweren. Ich muss es verdient haben. Wenn ich diese Lehre brauche, so nehme ich sie mit Dankbarkeit an. Wenn es aber möglich ist, bitte ich Dich, dass... (und Sie sprechen hier die für Sie akzeptable Variante der Geschehensentfaltung aus)".

Die Varianten erleben Sie nach dem Prinzip der Steigerung der "erzieherischen" Einwirkungen. Am Ende jeder Variante bestätigen Sie, dass Sie diese Lehre gelernt haben und dass Sie sie für Ihre Taten und Gedanken verdient haben.

Zum Schluss bekräftigen Sie, dass Ihre jetzige Situation die beste aller Situationen ist, die Sie verdient haben. Sie sind dankbar für diese Lehre, akzeptieren Ihre jetzige Situation und bitten die Höhere Gewalt, wenn möglich, Ihre Situation in der Zukunft in Richtung der von Ihnen als optimal angesehenen Situation zu bewegen.

Wenn Sie diese Übung machen, so vermeiden Sie die "Bestellung" einer negativen Zukunft dadurch, dass Sie am Ende jeder Variante bitten, diese gegen Sie nicht anzuwenden. Und gleichzeitig zeigen Sie der Höheren Gewalt, dass Sie sie nicht als eine Strafe, sondern als eine Lehre für Ihre Fehler und falsches Verhalten annehmen.

Zu dem Beispiel mit dem Vater können wir uns vorstellen, dass die erste und gewünschte Nadel des "Igels der Geschehnisse" ein ruhiges und gutes Wechselverhältnis ist. Die zweite Nadel könnte seine Rohheit und Streitbereitschaft in Bezug auf Sie sein. Die dritte Nadel könnte zu einer Situation werden, in der er erkrankt und Sie sich um ihn kümmern müssen. Die vierte Nadel – er fängt zu trinken an und bringt andere Trinker mit nach Hause. Die fünfte – er bringt mehrere Frauen mit nach Hause. Die sechste Nadel – er verhöhnt jetzt sogar seine Enkelkinder. Die siebte – ...

Es kann sehr viele Nadeln geben, und **alle sollten Sie durchgehen, ohne sich über das Leben zu beschweren**. Nicht in der Realität (zum Glück), sondern in Gedanken. Das heißt, Sie müssen sich Ihr Leben nach der Verwirklichung der dritten und folgenden Nadeln vorstellen. Das ganze Leben mit allen peinlichen Varianten seiner Schwerpunkte namens Beziehungen, Geld, Zeit, Wohnung usw. Und am Ende in Gedanken sagen: " *Herr, solltest Du mein Leben derart gestallten, so nehme Ich es an, ohne mich dabei zu beschweren. Wenn es aber möglich ist, so* *mache, dass mein Vater aufhört zu schimpfen und das Geld aus dem Haus zu tragen."*

Dieses Erlebnis in Gedanken erlaubt es Ihnen, **die "erzieherischen" Maßnahmen des Lebens gegen Sie zu meiden, dadurch dass Sie bereit sind, solche anzunehmen und Ihre jetzige Situation als sehr gut empfinden**.

Sind Sie auf die mögliche Verschlechterung Ihrer Lage gefasst, so können Sie sich umso mehr mit Ihrer Gegenwart anfreuen.

Kann es denn nicht noch schlimmer werden?

Wir möchten noch einmal betonen, dass diese Übung **keine "Bestellung" einer negativen Zukunft bedeutet**. Denn am Ende jeder möglichen Zukunftsvariante müssen Sie unbedingt sagen: *"Herr, solltest Du mein Leben derart gestalten, so nehme Ich es an, ohne mich dabei zu beschweren. Wenn es aber möglich ist, bitte ich Dich, dass..."* (und Sie sprechen hier die für Sie akzeptable Variante der Geschehensentfaltung aus).

Damit geben Sie der Höheren Gewalt zu verstehen, dass **Sie diese negative Variante der Geschehensentfaltung nicht brauchen**. Sie sind bereit sie anzunehmen, aber Sie brauchen sie nicht. Sie brauchen eine andere, die Ihnen noch nicht gelingt. Das heißt, Sie machen Ihr Ziel zu einer Bitte, und damit verletzen Sie Ihren Hochmut. Die Höhere Gewalt hat demütige Menschen gern und hilft ihnen, wenn sie um etwas bitten.

Lassen Sie Ihr Leben nicht zum "Igel der Geschehnisse" werden

Noch ein Ratschlag. Die Arbeit mit dem "Igel der Geschehnisse" ist eine **einmalige Handlung**, die im Fall eines ernsten Problems und auf keinen Fall länger als 10-20 Minuten und öfter als einmal in der Woche durchgeführt wird. Danach vergessen Sie wieder den "Igel" (bis zum nächsten Mal?) und freuen Sie sich einfach über das Leben.

2.3. Weg mit negativen Emotionen!

In diesem Paragraph möchten wir über die Mittel erzählen, die wir zur Reinigung eines anderen feinen Körpers – des emotionalen Körpers - benutzen.

Jedes Erlebnis wird von bestimmten Gedanken begleitet. Als Resultat schafft jede starke Emotion eine entsprechende Gedankenform, einen Ballen aus Energie und Information, der im Fall einer negativen Emotion als ein grauer oder brauner Fleck auf dem emotionalen Körper haftet. Je stärker die Verurteilung oder die Kränkung, desto größer und dichter ist die negative Gedankenform.

Das bedeutet dann, dass alle unsere negativen Emotionen leider nicht einfach verpuffen können. Sie werden in unserem emotionalen Körper gespeichert und führen manchmal zu dessen „Aufflammen".

Alle Beleidigungen tragen wir mit uns herum

Dementsprechend können Sie eine ganze Menge dieser negativen Gedankenformen mit sich tragen, und jede von ihnen wird mit irgendeinem Menschen zu tun haben, seien es Ihr Vater, Ihre Mutter, Ihre Kinder, Ihr Ehemann (-frau) oder Ihre Nächsten...

Mit der Zeit lassen diese Emotionen in ihrer Intensität nach, sie verschwinden scheinbar. Auf jeden Fall glauben wir das, denn diese Vorfälle und die damit zusammenhängenden Emotionen sind unserem Gedächtnis entfallen. Aber leider ist es nicht so. Eine negative Emotion aus der Kindheit können wir mit der Zeit vergessen, aber aus dem Körper der Emotionen können wir sie ohne spezielle Mittel nicht entfernen. Wenn Sie auf der Straße einem Menschen begegnen, der sich Ihrem früheren Beleidiger ähnelt, erinnern Sie sich dunkel an die Beleidigung selbst und verstärken damit nur die entsprechende negative Gedankenform. Sie wird um so dichter und massiver. Selbstverständlich füllt sich Ihr Karmagefäß wieder auf.

Genauer gesagt, löst sich die Gedankenform allmählich auf, aber das geschieht nur sehr langsam. Besonders wenn sie über einen Zeitraum von mehreren Jahren entstanden ist, wenn Sie ständig durch einen bestimmten Menschen gekränkt wurden. Dann ist diese Gedankenform sehr groß und dicht, **sie kann nicht mehr durch einfaches Vergessen ausgelöscht werden**. Sie können sie auch nicht dadurch auslöschen, dass Sie Ihrem Beleidiger bewusst vergeben. Durch die Vergebung verschließt sich zwar ein Ventil am Karmagefäß, aber der Füllgrad lässt nicht nach.

Da sich die Beleidigung in Ihrem feinen Körper abgespeichert hat, muss Sie Ihr karmischer "Aufseher", laut dem dritten Verfahren der Zerstörung von Idealisierungen, in die Situation versetzen, in der sich der andere Mensch befand, als Sie ihn verurteilten.

Wir haben schon das Beispiel eines Familienkarmas angeführt. Das Kind beschuldigt die Eltern für ihre unharmonische Wechselbeziehung. Dementsprechend wird in seinem Körper der Emotionen eine große Gedankenform der Elternbeschuldigung abgespeichert. Wenn das Kind dann heranwächst, kann es bewusst seinen Eltern vergeben (besonders, wenn sie sich scheiden lassen oder einer von ihnen stirbt). Aber die Gedankenform der Elternbeschuldigung verschwindet nicht. Sie rückt nur weiter von unserem Bewusstsein weg und wir tragen sie noch immer in uns. Aber unser karmischer "Aufseher" weiß, dass es sie gibt. Und wenn er das weiß, dann bedeutet das, dass er dagegen Maßnahmen ergreifen muss. Er versetzt uns in eine der Situationen, die uns so sehr bei unseren Eltern aufregte.

Wir löschen alle negativen Gedankenformen

Das heißt, um die "erzieherischen" Maßnahmen zu vermeiden**, sollen wir auf irgendeine Weise diese Gedankenform in unserem Körper beseitigen**. Und wer könnte das am besten tun? Selbstverständlich wir selbst, da der Kopf und die anderen problematischen Teile zu uns gehören. Für die Beseitigung einer Gedankenform brauchen wir nur ein spezielles Mittel. Eine einfache Bürste oder ein Lappen reichen hier nicht aus. Hier brauchen wir etwas, was es möglich macht, die Materie des emotionalen Körpers zu behandeln. Solche Mittel sind uns geläufig, und von einem werden wir auch berichten.

Womit lassen sich Gedankenformen auslöschen

Es wurden sehr viele Mittel zum Löschen negativer Emotionen erfunden. So zum Beispiel die **Holodynamic**, bei der Spezialisten mit Hilfe von speziellen Verfahren die stärkste negative Emotion aussondern und durch eine positive Emotion ersetzen. Es gibt auch die Methode **der geistig-emotionalen Heilkraft**, bei der ein Spezialist emotionale Probleme erkennt und mit Ihnen zusammen umprogrammiert. Und es gibt **Rebirthing**, bei dem Sie während einer Sauerstoffvergiftung Ihre negativen Emotionen erneut empfinden und sie dadurch loswerden.

Vielleicht gibt es noch mehr Verfahren der Beseitigung negativer Emotionen, meistens behandeln diese Verfahren nur eine, die jeweils stärkste Emotion, die Ihr Leben vergiftet. Die karmische "Erziehung" aber wird für jede empfundene und gespeicherte negative Emotion eingesetzt.

Wir raten Ihnen, eine Liste mit allen Menschen aufzustellen, die Sie im Kindergarten, in der Schule, im Institut, auf der Arbeit, im Familienkreis usw. getroffen haben. Setzen Sie alle Menschen, die Sie kennen, darauf.

Zuallererst sollten auf die Liste die Menschen kommen, die bei Ihnen die **stärksten negativen Emotionen** hervorgerufen haben. Dann der Rest. Den emotionalen Körper müssen Sie **aber in Bezug auf jeden einzelnen** reinigen. Das ist nicht sehr einfach, und dazu werden Sie ein paar Monate schwer arbeiten müssen.

Eine schnelle Reinigung gibt es nicht

Wenn Sie einfach versuchen all Ihren früheren Feinden zu vergeben und ihnen gegenüber die besten Gefühle zu empfinden, so werden Sie kaum der karmischen "Erziehung" entkommen. Die Liebe zu Ihren Feinden bedeutet nur, dass Sie die Ventile verschließen, durch die Sünden ins Karmagefäß hineintropften. Das bedeutet, dass Ihr Karmagefäß aufhört sich zu füllen. Das bedeutet aber nicht, dass sein Füllgrad abnimmt. Mit der Zeit zwar schon, aber nicht sofort.

Deswegen kann es zu einer Situation kommen, in der keine Verbesserung in Ihrem Leben auftritt. Das ist doch eine recht unerfreuliche Situation, nicht wahr?

Wenn wir Sie Struktur des Karmagefäßes gründlich untersuchen (auf der Rückseite des Buchumschlags), dann finden Sie auch ein Rohr, das "Bewusste Handlungen" heißt. Damit sich das Karmagefäß entleert, müssen Sie seinen Abfluss öffnen. Das heißt, **Sie müssen bewusste Handlungen vollziehen, um das Karmagefäß leer laufen zu lassen**. Einfache Spenden oder Barmherzigkeit täten ganz gut, aber das ist nicht der schnellste Weg.

Eine der Übungen, die wir Ihnen dabei empfehlen, heißt "Meditation der Vergebung". Das ist an sich eine sehr geläufige Übung, die in unterschiedlichen geistigen Schulen so oder auf eine andere Weise eingesetzt wird. Diese Übung wird Ihnen auch helfen **die Kontrolle über Ihre Gedanken zu erlangen**.

Diese Übung kann zu jeder Zeit vollzogen werden, auch wenn Ihr Kopf mit Problemen vollgestopft ist. Zum Beispiel, wenn Sie unterwegs sind oder auf jemanden/etwas lange warten müssen.

Übung 3. Meditation der Vergebung

Wählen Sie einen Menschen aus, in Bezug auf den Sie Ihre Gedankenformen der Beleidigung (oder auch anderer negativer Emotionen) löschen wollen. Es kann, zum Beispiel, Ihr Vater sein.

Wiederholen Sie in Gedanken mehrmals den Satz: ***"Ich vergebe meinem Vater in Liebe und Dankbarkeit, und ich akzeptiere ihn so, wie ihn Gott geschaffen hat. Ich bitte meinen Vater um Vergebung für all meine Gedanken und Emotionen in Bezug auf ihn."***

Diesen Satz wiederholen Sie solange, bis Sie eine Wärme in der Brust, die vom Herzen ausgeht, verspüren. Dieses Gefühl deutet darauf, dass Sie die Gedankenform der Beleidigung völlig gelöscht haben. Manche Menschen bekommen dieses Gefühl schon nach fünf Minuten zu spüren. Manche aber bekommen es gar nicht zu spüren, und auch das ist nicht schlimm. Hauptbedingung für eine erfolgreiche Arbeit ist die Gesamtzeit der Meditation.

Die Gesamtzeit der Meditation in Bezug auf einen Menschen, mit dem Sie schon mehrere Jahren in einer angespannten Beziehung stehen, kann drei bis fünf Stunden betragen, die aus mehreren Meditationen bestehen. Wenn es weniger Konflikte gegeben hat, so kann die Gesamtzeit auch nur 30-50 Minuten betragen.

Nach der Beseitigung der Gedankenform Ihrer Kränkung durch den Vater wiederholen Sie mehrmals in Gedanken folgenden Satz: ***"Mein Vater vergibt mir in Liebe und Dankbarkeit".*** *Damit beseitigen Sie aus Ihrem Körper der Emotionen die negative Gedankenform, die* ***Ihr Vater während der Kon-***

***flikte an Sie geknüpft hat** (Sie hatten ihn wahrscheinlich auch gekränkt).*

Diesen Satz wiederholen Sie solange, bis Sie erneut ein warmes Gefühl in der Brust empfinden. Und wenn Sie jetzt Ihre Augen schließen, so werden Sie die Figur Ihres Vaters sehen. Wenn das Verfahren der Beseitigung seiner negativen Gedankenform erfolgreich war, so kann sich Ihr Vater mit dem Gesicht zu Ihnen wenden, lächeln und sogar mit der Hand winken. Das deutet darauf hin, dass Ihr Körper der Emotionen die Kränkung losgeworden ist.

Meditieren Sie in Bezug auf alle aderen und vergessen Sie sich selbst und das Leben nicht!

Der Satz für die Selbstmeditation ist fast derselbe: *"Ich vergebe mir selbst in Liebe und Dankbarkeit und akzeptiere mich so, wie ich bin. Ich bitte mich selbst um Verzeihung für meine negativen Gedanken und Emotionen in Bezug auf mich. Ich vergebe mir selbst in Liebe und Dankbarkeit."*

Den Menschen ist es eigen, sich zu beschuldigen (ich bin so dumm, ungeschickt, hässlich, schüchtern usw.). Aber **die Selbstbeschuldigung ist genau so eine Sünde, wie die Beschuldigung anderer Menschen**. Deswegen müssen Sie sich selbst unbedingt um Vergebung bitten.

Dann ist es noch wünschenswert, in Bezug auf das Leben zu meditieren. Es ist Ihnen bestimmt schon einmal vorgekommen, dass Sie sich vom Leben gekränkt gefühlt haben, weil Ihre geliebten Menschen gestorben sind, weil es Ihnen schlecht ergangen ist usw. Der Satz für diese Meditation ist folgender: *"Ich vergebe dem Leben in Liebe und Dankbarkeit und akzeptiere es so, wie es ist. Ich bitte das Leben um Verzeihung für meine Gedanken und Emotionen ihm gegenüber. Das Leben vergibt mir in Liebe und Dankbarkeit."*

Die Meditation in Bezug auf Menschen, mit denen Sie schwere Auseinandersetzungen hatten, wird **mehrere Stunden dauern**. Bei alten Bekannten und Verwandten, an die Sie sich nur mit Mühe erinnern können, werden Sie für jede/n 10-30 Minuten meditieren.

Ein Mensch im Alter von 40 Jahren braucht für eine vollständige Reinigung im Durchschnitt nicht weniger als einen Monat Zeit. Die Gesamtzeit der Meditation sollte nicht weniger als 20 Stunden betragen.

Nachdem Sie das gelesen haben, könnte bei Ihnen die Frage auftauchen: „Warum sollen wir die Meditation der Vergebung so oft wiederholen? Denn bei dem Einen können wir uns an keine Beleidigung erinnern, dem Anderen haben wir längst vergeben und den Dritten bemitleiden wir für seine Probleme."

Die Sünden als Flecken auf dem Papier

Um diese Frage beantworten zu können, greifen wir zu einem Vergleich. Stellen Sie sich vor, dass Ihre negative Gedankenform ein Fleck auf einem Blatt Papier ist. Je größer und dichter die Gedankenform ist, desto größer ist der Fleck auf dem Papier.

Sie müssen viele Flecken beseitigen, und dazu haben Sie einen kleinen Radiergummi. Mit jedem Zug beseitigen Sie nur einen kleinen Teil des Fleckes. Um das ganze Blatt zu reinigen, müssen Sie sehr viel radieren. Und je größer der Fleck, desto mehr Bewegungen sind zu seiner Entfernung nötig.

Deshalb raten wir Ihnen, die Meditation oft in Gedanken zu wiederholen. Jede Wiederholung beseitigt nur einen kleinen Teil des Fleckes. Die Annahme dieser Welt und die Vergebung Ihren ehemaligen Feinden als Ihre neue Überzeugung erlaubt Ihnen die fetteste Stelle der negativen Gedankenform zu beseitigen. Das wird zwar der größte Teil sein, aber es bleibt immer etwas übrig. Deswegen ist die **beharrliche Arbeit an Ihren früheren Beleidigungen und Kränkungen angesagt.**

SCHLUSSFOLGERUNGEN

1. *Alle von uns empfundenen negativen Emotionen sind in unserem emotionalen Körper als dunkle Gedankenformen abgespeichert.*
2. *Negative Gedankenformen lassen sich allein durch die Besserung unseres Verhaltens in Bezug auf die Welt und frühere Feinde nicht vollständig beseitigen.*
3. *Für eine gründliche Reinigung des emotionalen Körpers empfehlen wir die Meditation der Vergebung, bei der durch die Wiederholung eines bestimmten Satzes die negativen Gedankenformen beseitigt werden.*
4. *Die Meditation der Vergebung bezieht sich auf alle Ihre Verwandten und Bekannten, auf Sie selbst und auf das Leben.*

2.4. Der ätherische Körper als Grundlage für körperliche Gesundheit

Wenn wir zum Schema des Karmagefäßes (Rückseite des Buchumschlags) zurückkehren, so können wir sehen, dass all unsere Probleme in unseren mentalen und emotionalen Körpern entstehen. Unsere physischen und ätherischen Körper haben dagegen nichts damit zu tun. Sie spielen zwar auch eine Rolle im "erzieherischen" Verfahren, aber nur als **Mittel der Vollziehung**. Das bedeutet, dass, wenn bei Ihnen nach lang anhaltenden negativen Emotionen große und dichte Gedankenformen entstanden sind, diese durch ihre Größe in den ätherischen Körper eindringen können und dadurch Verformungen der ätherischen Strömungen hervorrufen. Solche Verformungen der ätherischen Strömungen führen mit der Zeit zu Erkrankungen der Organe des physischen Körpers. Eine umgekehrte Einwirkung vom physischen Körper auf den ätherischen und auf die noch feineren haben wir nicht bemerkt.

Also kann uns der ätherische Körper bei der Entleerung unseres Karmagefäßes nicht helfen. Ebenso wie der physische Körper. Sie können geheilt, energetisiert und von den negativen Einflüssen befreit werden, aber für das Karmagefäß spielt das alles keine Rolle.

Das bedeutet aber nicht, dass es zu diesen Körpern nichts zu sagen gäbe. Über den physischen Körper werden wir später reden, zu den Mitteln der Reinigung des ätherischen Körpers kommen wir gleich.

Drei Quellen der Erkrankungen

Laut unserer Systematisierung kann der Mensch Erkrankungen des Körpers, der Seele und des Geistes haben.

Die Erkrankungen der Seele entstehen als Resultat des energetisch-informativen Austausches zwischen den Menschen. Diesen Austausch gibt es auf mehreren Niveaus: auf dem mentalen, emotionalen und ätherischen. Wir werden jetzt nicht die Techniken der energetisch-emotionalen Verteidigung und des Angriffs betrachten, sie werden sehr oft von anderen Autoren aufgegriffen.

Wir stellen bloß fest, dass auch dieser Austausch keinen direkten Einfluss auf das Karmagefäß hat. Das heißt, wenn Ihr Karmagefäß leer ist, kann Ihnen irgendeine Einwirkung nichts anhaben. Im anderen Fall sind Sie gewiss nicht mehr so widerstandsfähig gegen die negative Einwirkung von außen. Solche Einwirkungen lassen sich nur einzeln und durch spezielle Mittel behandeln, unabhängig von Ihren falschen Überzeugungen und dem Füllgrad Ihres Karmagefäßes.

Und nur **die Erkrankungen des Geistes** stehen in einem direkten Zusammenhang mit dem Füllgrad des Karmagefäßes. Das heißt, der Inhalt Ihres Karmagefäßes ist der Auslöser solcher "erzieherischen" Mittel, die in Form von Krankheiten gegen Sie eingesetzt werden.

Dementsprechend kann eine Heilung des ätherischen Körpers nur zu einer zeitweiligen Besserung der Gesundheit führen. Ohne dass an dem Verhältnis zum Leben und der Reinigung des emotionalen Körpers gearbeitet wird, **verschwindet die negative Gedankenform aus dem Körper nicht, sondern führt zur erneuten Verformung des ätherischen Körpers**. Dementsprechend kehren früher oder später auch die Krankheiten des physischen Körpers zurück. Eben deswegen raten wir Ihnen mit der Heilung der karmischen Erkrankungen anzufangen.

Erst nachdem Sie Ihren mentalen und Ihren emotionalen Körper gereinigt haben, sollten Sie sich mit Ihrem ätherischen Körper auseinandersetzen. Für seine Reinigung eignen sich sowohl Einwirkungen von außen als auch die selbstständige Arbeit des Menschen mit seiner Energetik.

Äußere Einwirkungen auf den ätherischen Körper

Zu den **äußeren Einwirkungen** zählen wir die Hilfeleistung verschiedener Heiler, das Mitleid anderer Menschen und die Anwendung spezieller Einrichtungen.

Die meisten Medizinmänner, die mit Energie heilen (dazu gehören auch Reiki-Spezialisten), arbeiten auf dem Niveau des ätherischen Körpers, d.h., sie heilen **durch eine zwanghafte Wiederherstellung der ätherischen Strömungen**. Mittels verschiedener Einwirkungen beseitigen sie die Verformungen der ätherischen Energiekanäle und erweitern ihren Gang. Damit verbessert sich unsere Gesundheit, aber manchmal auch nur zeitweilig.

Die nächste Quelle der Hilfe für unseren ätherischen Körper ist **das Mitleid anderer Menschen**. Jedes Mitleid und Mitgefühl ist eine Art energetischer Spende. Wir bemitleiden Menschen, die krank oder schwach sind, die viel durchmachen mussten. Damit geben wir ihnen einen Teil unserer Lebenskräfte ätherischer Art. Das ist keine an sich so schlechte Sache, aber das geht nur solange unsere Energie und Gesundheit ausreicht. Wenn wir aber selbst wenig Kraft haben, so kann eine übermäßige Spende zu einer eigenen Erkrankung führen.

Zum Beispiel hat ein guter Arzt oder Psychologe immer Mitleid mit seinen Patienten, und damit teilt er mit ihnen seine Lebensenergie. Als Resultat werden Ärzte, die sich die Situation ihrer Patienten zu Herzen nehmen, öfter krank als Ärzte, die sich kalt und formell zu ihren Patienten verhalten.

Dieselben Wechselwirkungen finden in der Schule statt, wenn Lehrer ihrem Unterricht noch einen Schuss Lebenskraft beigeben. Wobei den Lehrern relativ gesunde junge Leute gegenübersitzen und durch Respekt und Liebe die Energie zurückgeben. Ein Arzt dagegen hat gewöhnlich nicht so viele "Spender".

Derartige Wechselwirkungen können wir in allen Tätigkeitsbereichen finden. Und wenn es ausreicht, in der richtigen Form andere Menschen um Mitleid zu bitten, dann – warum nicht?

Mittlerweile gibt es auch Geräte, die unseren ätherischen Körper reinigen. Doch darauf gehen wir vorerst noch nicht ein.

Selbstständig mit dem ätherischen Körper arbeiten

Die meisten der „Reinigungsmittel" zur Beseitigung von schädlichen Einwirkungen sind Ihnen schon bekannt. Das sind zum Beispiel die ganz einfache Körperabhärtung, Wasserprozeduren nach System von Porfirij Ivanow, Wechselduschen, intensives Atmen wie das von Rebirthing- oder Yoga-Übungen und Ähnliches. Wichtig ist ein kräftiges emotionales Aufflammen, mit dem unser Körper eine zusätzliche Portion Energie (und Gesundheit) erhält. Zweifellos können spezielle Techniken wie Yoga und Qigong eine gute energetische „Wiederaufladung" bewirken, das sind allerdings richtige Lebenssysteme und fordern sehr viel Geduld, mitunter auch Geld und am besten – einen guten Lehrer.

SCHLUSSFOLGERUNGEN

1. *Während einer karmischen "Erziehung" ist unser ätherischer Körper der „Vollstrecker", auf den feinere Körper Einwirkungen haben.*
2. *Im Falle einer karmischen Erkrankung bringt die Reinigung des ätherischen Körpers nur einen zeitweiligen Effekt, wenn negative Gedankenformen nicht gelöscht werden.*
3. *Die Reinigung des ätherischen Körpers kann sowohl mit Hilfe anderer als auch selbstständig durchgeführt werden.*
4. *Zu den äußeren Einwirkungen zählen die Hilfeleistungen unterschiedlicher Heiler, das Mitleid anderer Menschen und der Gebrauch verschiedener technischer Einrichtungen.*
5. *Selbstständige Reinigung des ätherischen Körpers kann durch verschiedene Abhärtungsübungen, Techniken der intensiven Atmung und spezielle Gymnastiken erreicht werden.*

2.5. Physischer Körper – Reinigen nicht vergessen

Wenn wir die Reinigungsverfahren betrachten, so dürfen wir unseren „realen“ Körper, den physischen, nicht vergessen. Dieser Körper ist eines der wichtigsten Elemente des komplizierten Gebildes namens ”Mensch” und nur durch ihn können all unsere feinmateriellen Hüllen auf unsere Pläne und Taten einwirken, je nach den Anforderungen der karmischen ”Erziehung”.

Ein gesunder Körper und eine gesunde Seele – gibt es eine Verbindung?

Wenn unser Körper so wichtig ist, so stellt sich gleich die Frage: kann man denn dadurch auf den Füllgrad seines Karmagefäßes Einfluss nehmen? Wenn der Körper gesund ist, ist dann auch die Seele gesund?

Wenn wir uns an das Schema des Karmagefäßes erinnern, so können wir mit Sicherheit sagen: „Nein“. Wir wissen, dass fast kein Mensch einen absolut gesunden Körper hat. Es ist eher eine Ausnahme, die, praktisch umgesetzt und durch viel Mühe unterstützt, eine Voraussetzung zum Erfolg beim Sport oder im Extremberuf (z.B. Raumfahrt) darstellt.

Wir nehmen an, dass eine gute Gesundheit eine der Eigenschaften (oder Talente) ist, die einem Menschen bei seiner Geburt gegeben werden. Und seine Aufgabe in diesem Leben wird es sein, das gegebene Talent zu nutzen (wie ein Sänger, ein Maler us.w. ihre Begabung nutzen) und nicht zu idealisieren, weil begabte Menschen strenger beurteilt werden.

Wie wirkt die körperliche Gesundheit auf das Karmagefäß

Jetzt kehren wir zur Frage zurück, ob der Kampf um Ihre Gesundheit einen Einfluss auf den Füllgrad Ihres Karmagefäßes haben kann? Natürlich. Der Kampf um Ihre Gesundheit **erlaubt**

es Ihnen nicht, weiter so zu leben und zu handeln „wie schon immer“. Ihre Gesundheit erlaubt es Ihnen nicht. Sie werden gezwungen, Ihr Verhalten zum Besseren zu wenden.

Also können wir hier feststellen, dass die Gesundheit fast gar nicht mit den karmischen Einwirkungen zusammenhängt. Aber der Kampf um die Gesundheit kann sehr gute Auswirkungen auf Ihr Verhalten haben. Wir wünschen Ihnen diese Situation nicht, aber wenn es schon so weit kommen muss, dann vergessen Sie bitte nicht bei der Reinigung Ihres Körpers auch Ihre Gedanken und Emotionen zu reinigen.

SCHLUSSFOLGERUNGEN

1. *Eine naturgegebene gute Gesundheit kann man als ein Talent verstehen, das einem Menschen in die Wiege gelegt wird.*
2. *Die Reinigung des physischen Körpers hat keinen direkten Einfluss auf den Füllgrad des Karmagefäßes. Aber die damit verbundene Veränderung des Lebensstils kann positive Auswirkungen darauf haben.*

3. LEBEN NACH GESETZEN DER HÖHEREN GEWALT

Die Voraussetzung für eine gute Gesundheit liegt also in unserem Bewusstsein! Dabei behandeln wir meistens nur den Körper und die momentane Situation, ohne verstehen zu wollen, warum diese entstanden ist. Das geht schneller und äußerlich sieht es effektiver aus. Wenn aber dieser Effekt langanhaltend wäre, so gäbe es bei der heutigen Anzahl von Heilern fast keine Kranken mehr.

Unserer Meinung nach **muss der Mensch vor der Anwendung eines Heilungsverfahrens** (oder etwas Ähnlichem) **seine Idealisierungen beiseite lassen und eine Lebensposition einnehmen, die es ihm nicht mehr erlaubt die Idealisierungen fortzusetzen**.

Wie und wofür wir "erzogen" werden, ist uns schon bekannt. Wie wir dies vermeiden können, auch. Jetzt wäre es nicht schlecht zu erfahren, welche Lebensposition wir einnehmen müssen, damit die karmische "Erziehung" aufhört und stattdessen unsere Wünsche wahr werden.

Über die Wünsche werden wir im nächsten Kapitel noch sprechen, jetzt aber setzen wir uns mit der Frage der "Erziehung" auseinander. Genauer gesagt, mit ihrer Abwesenheit. Wie kommen wir dahin? Wir raten Ihnen einige Lebenseinstellungen in Betracht zu ziehen, die Ihr Bewusstsein verändern und Ihnen helfen werden, eine **Position einzunehmen**, die sowohl Sie als auch die Höhere Gewalt zufrieden stellt. Und von diesem Standpunkt aus ist es nicht sehr weit bis zum vollkommenen Glück, je nach dem, was Sie darunter verstehen.

In diesem Kapitel werden wir einige Lebenspositionen schildern, die Ihren "Aufseher" zufrieden stellen werden.

3.1. Das Leben ist ein Spiel

Die erste Lebensposition, die wir Ihnen dringend empfehlen, heißt: “Das Leben ist ein Spiel”.

Diese Position bedeutet, dass **Sie alles um Sie herum Geschehene als Zwischenetappen verschiedener Spiele wahrnehmen**. Zu Hause können Sie zum Beispiel das Spiel “Familienleben” spielen, auf Arbeit ist es ein Spiel namens “Business” oder “Job”. Mit einem Bekannten spielen Sie “Freundschaft”, mit einer/m imposanten Frau/Mann “Sex” oder “Liebe”. Mit dem Staat können Sie spielen: “Wer wen als erster auf die Arme nimmt”, mit einem Bürokraten oder einem frechen Händler “Selber Einer” usw.

Was erreichen Sie durch diese Position? Sie erlaubt es Ihnen, **sich nicht an irgendwelche Werte zu hängen**. In einem Spiel gibt es immer einen Gewinn, aber auch Verluste. Versuchen Sie **alle Ihre Erfolge als Gewinn und die Verluste als nur zeitweilige Verluste anzunehmen**.

Es gibt nur zeitweilige Verluste

Zum Beispiel haben Sie es nicht geschafft eine höhere Stelle zu besetzen, das bedeutet also, dass Ihr Gegner diesmal Sieger ist. Aber das nächste Mal wird es Ihm nicht gelingen, oder Sie versuchen ihn auf einem anderen Gebiet zu besiegen, wie zum Beispiel: Sie nehmen einen höheren Platz ein, allerdings in einer anderen Firma.

Wenn Ihr Projekt schlecht läuft und Sie Schulden haben, so bedeutet dies, dass Sie nicht Ihr Spiel spielen, und Sie müssen entweder die Bedingungen rasch verändern oder in einem anderen Spiel (Projekt) versuchen zu gewinnen.

So sollten Sie mit allen Verlusten umgehen. Dieses Verhalten kann sehr schnell die Anzahl Ihrer Idealisierungen senken.

So kann ein Spieler aktiv und leidenschaftlich an allen Vorgängen teilnehmen, aber er nimmt sich seine Verluste nicht so sehr zu Herzen. Verloren, dann halt verloren, das nächste Mal werde ich gewinnen.

Das ist eine sehr bequeme und effektive Lebenseinstellung, nach der sich viele Menschen in hohen Positionen richten. Sehen Sie sich bloß die Regierungsbeamten an, wie gut sie es machen – sie nehmen ihre Posten ein, obwohl sie genau wissen, dass sie dort nicht sehr lange bleiben werden. Und trotzdem spielen sie leidenschaftlich das Spiel "Macht und Staat", und beenden es oft als Sieger. **Der Höheren Gewalt ist z.B. unwichtig, wie Sie zu Ihrem Geld kommen**, sei es ein Monatsgehalt, Schmiergeld oder sonstiges. Wichtig ist, welche Emotionen Sie dabei empfinden und welche Idealisierungen Sie haben. Wenn Ihnen das Leben Freude bereitet und Sie sich bei der Höheren Gewalt bedanken, dann wird alles gut werden. Wenn Sie sich aber selbst erhöhen und andere verachten, werden Sie mit großen Problemen zu kämpfen haben.

Die Position "das Leben ist ein Spiel" ist in hochentwickelten Ländern weit verbreitet. Gute Geschäftsleute nehmen zwar ihre Tätigkeiten sehr ernst, sie verstehen aber auch, dass sie jederzeit verlieren können. Innerlich sind sie zu allem bereit, sie leben sorglos.

Wenn Ihr Ziel Geld ist, so wählen Sie sich ein Spiel, das es Ihnen erlaubt, schnell zu Geld zu kommen. Und es wäre nicht schlecht, wenn Sie dabei nicht gegen das Gesetzt verstoßen würden. Sie müssen für eine Zeit lang Kunst, Selbstentfaltung, Hilfsbereitschaft, Humanismus und Ähnliches vergessen. Sobald Sie Ihr Geld bekommen haben, können Sie sich wieder Ihrer Liste der schönen Dinge zuwenden und sich etwas weniger mit Geld beschäftigen, dafür aber mehr mit Ihren feinen Seiten.

Wenn Ihr Ziel die Selbstentfaltung in der Kunst ist, so brauchen Sie ein ganz anderes Spiel, bei dem Sie etwas Neues schaffen können, ohne dass ein großes Einkommen notwendig ist.

Merkmale eines Spiels

Aber nicht alles, was Sie im Leben unternehmen, ist ein Spiel. Ein Spiel hat seine spezifischen Merkmale, und das wichtigste darunter ist das Vorhandensein eines bestimmten Ziels. Wenn Sie einfach automatisch irgendwelche Handlungen vollziehen, durch Gewohnheit oder nach Bedarf, so ist das kein Spiel. Es ist kein Spiel, wenn Sie zur Arbeit fahren, sich mit Ihren Nachbarn streiten, Einkaufen gehen, Besuche machen oder ins Ferienhaus fahren. Aber das alles kann ein Spiel werden, wenn Sie dabei ein bestimmtes Ziel verfolgen. Zum Beispiel: „beruflich befördert zu werden". Und Sie tun alles, um dies zu erreichen. Wenn Sie aber einfach abwarten und nur mit Ihren Kollegen rätseln, ob Sie befördert werden oder nicht, dann ist es schon kein Spiel mehr. Was Sie genau tun müssen, erzählen wir im nächsten Abschnitt.

Allgemein gültige Spiele

In zivilisierten Ländern sind eine Reihe von allgemein gültigen Verhaltensvorschriften der Menschen in verschiedenen Situationen ausgearbeitet worden. Es gibt allgemeine Regeln des "Fair-Business", es gibt das "Gentleman-Set" des Menschen in der Gesellschaft, es gibt Regeln des Familienlebens und der Geschlechterliebe usw. Wenn Sie an diesen Spielen teilnehmen wollen, so **müssen Sie sich an bestimmte allgemein gültige Vorschriften halten**.

Zum Beispiel wenn es um das Spiel "Fair-Business" geht, so gehört zu den Regeln auch die Erhaltung des guten Namens und Prestiges der Firma, eine rechtzeitige Steuerzahlung, die hohe

Qualität aller Waren und Dienste usw. Wenn aber das Spiel "Geld um jeden Preis" heißt, so kann man auch den Partner oder den Staat reinlegen, sich das Geld anderer durch Urkundenfälschung und Betrug erschleichen. Die nächste Etappe dieses Spiels würde allerdings durch den Versuch gerichtlichen Konsequenzen zu entkommen geprägt sein...

Jeder Mensch wählt sein eigenes Spiel, er bezieht sich dabei auf die erhaltene Erziehung, seine Position in der Gesellschaft, persönliche Ziele, Überzeugungen usw.

Persönliches Spiel

Das Spiel kann kollektiv sein (wie "Fair-Business"), und dann müssen Sie sich an bestimmte Vorschriften halten. Wenn Ihnen das nicht gefällt, dann können Sie sich auch **Ihr persönliches Spiel** mit Ihren eigenen Regeln ausdenken. Andere Menschen werden Sie nicht verstehen können und sich beleidigt fühlen, aber das wird das Problem derer sein, die denken, dass Sie am Spiel mit allgemein gültigen Regeln teilnehmen. Sie aber haben ganz andere Regeln, also können Sie diese auch jeder Zeit verändern.

Beschränkungen

Wenn Sie Ihr eigenes Spiel beginnen, müssen Sie eine Beschränkung tolerieren: **Im Spiel dürfen Sie die karmische Grundanforderung nicht verletzen.** Wie ist das möglich? Ganz einfach.

Sie haben zum Beispiel vor, das Spiel "Liebe" zu spielen und sich dem Spiel ganz hinzugeben, damit Sie auch das bekommen, was Sie wollen. Wenn Sie dann dem Resultat zu viel Bedeutung beimessen, so muss Ihr "Aufseher" die Situation so gestalten, dass Ihr ausgewählter Partner Ihre Leidenschaft nicht teilt. Einfacher gesagt, er liebt Sie nicht.

Nach den Regeln des Spiels sollen Sie in so einer Situation Ihren Verlust annehmen und entweder zur nächsten Etappe übergehen, oder ein anderes Spiel anfangen. Betrachten wir die erste Variante.

Sie müssen von der ablaufenden Situation ausgehend entscheiden, wie Sie weiter handeln. Zum Beispiel: Ihr Partner liebt Sie nicht mehr, weil sein Herz schon besetzt ist. Hier können Sie abwarten, bis das Herz des Partners frei von der Liebe zum anderen wird, und dann wieder versuchen, ihn für sich zu gewinnen. Dabei müssen Sie aber wissen, dass ein solches Warten bis ins nächste Leben andauern kann und dass Sie während des Wartens auf keinen Fall Ihr Karmagefäßes weiter füllen dürfen.

Eine sehr wichtige Rolle spielt dabei die **innere Haltung, die Sie während des Wartens einnehmen**. Wenn Sie einfach abwarten und sich auf die Lauer legen, dann wird alles prima werden. Sie werden immer bestens gelaunt sein, Sie werden immer die Begleiter eines Spielers bei sich haben: Leidenschaft und Heiterkeit. Dann ist Ihr Sieg gewährleistet.

Wenn Sie aber Kummer haben und sich zu Tode grämen wegen der Liebe, so ist das ein anderes Spiel mit dem Titel "Unglückliche Liebe". Im Rahmen dieses neuen Spiels werden Sie sich unglücklich und gekränkt fühlen, das heißt, Sie werden sich durch das Leben gekränkt fühlen. Das ist eine offensichtliche falsche Überzeugung, und sie wird auf typische Art und Weise korrigiert: Sie werden sich noch schlechter fühlen, damit Sie auch verstehen, dass eine nicht erwiderte Liebe nicht das Schlechteste auf dieser Welt ist.

Ein ähnliches Spiel kann man auch leicht mit falschen Überzeugungen beginnen. Sie wurden an der Uni nicht immatrikuliert und fangen an sich zu grämen - "Ich bin unglücklich (oder unbegabt)". Ihr Business-Projekt ist gescheitert und jetzt haben Sie Schulden – das wäre ein Beispiel für das Spiel "Ich habe kein Glück im Leben" usw.

Das sind alles nur Variationen des Spiels “Ich bin der Unglücklichste (Ungeschickteste, Ungeliebteste, Unbegabteste)”, und die Basis bilden hier falsche Überzeugungen und Idealisierungen (des Besitzes oder der Abwesenheit) irgendwelcher Eigenschaften.

Deshalb **dürfen Sie keine Spiele spielen, bei denen Sie sich unglücklich, gekränkt oder arm fühlen und in Bezug auf sich selbst oder andere negative Gefühle empfinden**. Das Resultat jedes Spiels sollten immer Sieg und positive Emotionen sein, die Missgeschicke sollten als hinfällig betrachtet werden, damit Leidenschaft und positive Emotionen Sie nicht verlassen.

Allgemein gültige Vorschriften

Es ist für Sie eine bequeme Position, wenn Sie die Regeln Ihres Spiels verändern können, aber das ist gar nicht so einfach. Es gibt allgemein gültige Vorschriften, denen jeder Mensch gerecht werden muss. Zum Beispiel gibt es das Strafgesetzbuch, das die Regeln Ihres Spiels einschränkt: ihre eigenen Regeln sollten Sie nicht über die höheren Vorschriften, die von der Gesellschaft gesetzt werden, stellen.

Obwohl, wie das Leben uns zeigt, manche Menschen sich nicht dem Strafgesetzbuch unterwerfen wollen. Sie selbst können das sicherlich auch versuchen. Aber hier müssen Sie sich im Klaren darüber sein, dass Sie in das Spiel “Wer ist listiger” einsteigen und Ihre persönlichen Gegner in diesem Fall das Innenministerium, die Steuerfahndung, die Polizei usw. sind. Wenn Sie sich sicher sind, dass Sie gewinnen werden - nur zu. Verlieren Sie aber, so dürfen Sie sich nicht beschweren, denn es war Ihre Wahl.

Spezialvorschriften

Genauso gibt es auch **innere Vorschriften** des Spiels bei jeder Firma oder in jedem Unternehmen. Größere und ältere Unternehmen nennen dies eine "kooperative Kultur". Wenn Sie in einer Firma angestellt werden, so müssen Sie sich an die Vorschriften halten. Sie können dabei auch Ihre Spiele spielen, aber diese dürfen nicht die allgemein gültigen Vorschriften und Verhaltensmaßstäbe der Firma verletzen, sonst werden Sie ausgegrenzt. In einem kleineren Unternehmen verhält sich der Inhaber zu Ihnen oft nach den Normen des Spiels "Ich – Boss, Du – nix", und die Mitarbeiter spielen: "Beweis mir das" (zum Beispiel, „wo das Geld hin ist").

Anwendungsbereich

In der Position des "Spielers" **können Sie sich alle möglichen Ziele setzen und mit Ihrer ganzen Energie danach streben**. Diese Rolle eignet sich für Menschen, die selbstsicher, leidenschaftlich, entschlossen und risikobereit sind, wenn es um das Erreichen ihrer Ziele geht. Sie passt besser zu Unternehmern als zu Beamten. Aber auch jeder andere Mensch, unabhängig von seiner Tätigkeit und seinem Temperament, kann diese Lebenshaltung einnehmen um seine eigenen Ziele zu erreichen, wie etwa bei der Gestaltung seines Privatlebens, der Erhaltung des gewünschten Arbeitsplatzes oder der Wohnung, bei seinen Urlaubsreisen usw.

SCHLUSSFOLGERUNGEN

1. *Die erste Lebenshaltung, die es dem Menschen ermöglicht, die irdischen Werte nicht zu idealisieren, sieht folgendermaßen aus: das Leben ist ein Spiel.*
2. *Diese Position setzt voraus, dass der Mensch beim Verfolgen seiner Ziele innerlich auch auf eventuelle Verluste vorbereitet ist und sich nicht beschwert, wenn es zu einem Verlust kommt.*
3. *Der Vorteil dieser Position liegt darin, dass sie leicht von leidenschaftlichen, energischen und zielstrebigen Menschen eingenommen werden kann, d.h. von Menschen, die zur Verletzung der karmischen Grundanforderung neigen.*
4. *Auch Menschen mit anderem Temperament und anderer Tätigkeit können diese Position beim Erreichen ihrer Ziele einnehmen.*

3.2. Das Leben ist ein Zirkus

Eine Variante der Lebensposition kennen Sie schon, die verhindert, dass sich Ihr Karmagefäß weiter füllt. Sie wird aber nur in dem Fall eingenommen, wenn Sie nach einem bestimmten Ziel streben und sich darauf konzentrieren. In allen anderen Situationen raten wir Ihnen eine andere Lebensposition einzunehmen, die "**Das Leben ist ein Zirkus**" heißt.

Der Name dieser Position erinnert uns an eine berühmte Aussage: "Das Leben ist ein Theater". Wir könnten unsere Position auch so nennen, aber wir haben extra **den kritischen Aspekt** unterstreichen wollen. Ein Schauspieler im Theater zu sein ist sehr attraktiv, doch wer möchte schon ein Zirkusclown werden? Und unser Leben ist auch bei Weitem kein Theater. Das ist der reinste **Zirkus, und wir sind die Clowns**. Genau das wollen die Menschen nicht begreifen, und fühlen sich dann noch beleidigt.

Das Leben ist ein Auftritt auf der Zirkusbühne

Damit wir diese Position einnehmen können, müssen wir uns vorstellen, dass **alles, was im Leben geschieht, eine Clownerie auf der Zirkusbühne ist.** Die Menschen sind Clowns, und jeder ziert sich auf seine Art und Weise. Wobei gilt, dass je mehr der Mensch im Alltag seine Emotionen und seine Leidenschaft anderen vorführt, gleichgültig ob er die anderen belehrt oder beurteilt, Konflikte verursacht oder in diese gerät, umso höher wird sein Niveau als professioneller Clown. Auf der Bühne gibt es aber nicht nur Clowns, sondern auch Illusionisten – bei denen verschwindet alles irgendwohin und erscheint plötzlich aus dem Nirgendwo. Hier können wir auch superstarke Menschen beobachten, die mittels ihrer Kräfte alle Hindernisse überwinden, solange sie nicht jemandem begegnen, der ihnen überlegen ist. Es gibt auch noch Jongleure, Kämpfer, Sportler usw.

Die Position eines Mitgliedes

Im Großen und Ganzen findet das ganze emotionale Leben auf dieser Zirkusbühne statt. Und Sie sitzen im Zuschauerraum und beobachten es. Sie können lachen und Mitleid haben, aber **Sie sind nicht auf der Bühne**, und das alles gehört Ihnen nicht.

Diese Position hilft Ihnen, sich nicht an irgendwelche Werte zu hängen – Sie sind nur ein Zuschauer. Aber dass Sie im Zuschauerraum sitzen, ist Ihre bewusste Wahl. Wenn Sie es für nötig halten, an einer "Vorstellung" teilzunehmen (Liebe, Karriere, hohes Einkommen usw.), so können Sie ruhig auf die Bühne steigen, daran teilnehmen und Ihr Ziel erreichen. Spielen Sie "Das Leben ist ein Theater". Wenn Sie das erhalten haben, was Sie wollten, so kehren Sie in den Zuschauerraum zurück. Und **lassen Sie sich nicht zwingen auf die Bühne zu gehen** und an einer Vorstellung teilzunehmen.

Hier ist es sehr wichtig zu verstehen, dass **wenn Sie mit etwas unzufrieden sind, jemanden beschimpfen und beurteilen, so sind Sie schon ein Clown auf der Bühne** und nehmen an der Vorstellung teil. Neben Ihnen werden sich andere Spieler befinden, die nach ihren eigenen Zielen streben. Sie aber haben kein Ziel, denn Sie sind kein Spieler. Sie sind ein Clown auf der Zirkusbühne, und das klingt sehr erniedrigend. Deshalb schlagen wir Ihnen vor, sich auf Ihren Platz im Zuschauerraum zu begeben.

Wenn Sie im Zuschauerraum sind, so heißt es noch lange nicht, dass Sie einfach nur beobachten und nichts tun müssen. Sie erfüllen alle Ihre Pflichten: gehen zur Arbeit, erfüllen Ihren Job, sind an den Verhandlungen beteiligt, streiten sich mit Ihren Arbeitskollegen und Partnern, machen Liebeserklärungen usw.

Aber **Sie tun dies distanziert, ohne sich an der emotionalen Seite der Geschehnisse zu beteiligen**, Sie sind nicht Teil des Spieles und beobachten es nur. Diese Position wird Ihnen helfen, sich nicht an irgendwelche Geschehnisse zu hängen und dadurch Ihr Karmagefäß noch mehr zu füllen.

Hier ist ein Beispiel dieser Position. Nehmen wir an, Sie sind der Leiter einer Abteilung und müssen bestimmte Waren bis zu einer bestimmten Frist einkaufen (zum Beispiel Bodenbelag). Aber es stellt sich heraus, dass unter den Umständen, die nicht von Ihnen abhängen, die Bestellung nicht durchgeführt werden kann. Das bezahlte Geld wird erst in einem Monat zurückgezahlt und das Linoleum wird erst in drei Wochen lieferbar sein. Auch in solch einer Situation können Sie bestimmen, wo Sie sich befinden: entweder auf der Bühne oder im Zuschauerraum. Wenn Sie sich Sorgen machen, schimpfen und sich bei allen anderen über Ihre Probleme beschweren, so befinden Sie sich auf der Zirkusbühne. (Sie müssen doch sowieso abwarten, denn das ist die objektive Realität, dass man einfach zurückhaltend abwarten muss. Sie werden mit Ihren Beschwerden und Sorgen die Situation nicht retten können.) Oder Sie warten ab, machen sich aber trotzdem Sorgen, haben mit anderen Konflikte oder nehmen sogar Beruhigungsmittel, dass heißt: Sie nehmen an der Vorstellung aktiv teil.

Der Unterschied zu einer totalen Verteidigung

Hier möchten wir unterstreichen, dass **die Position "das Leben ist ein Zirkus" sich sehr stark von der Position der "totalen Verteidigung" gegen Angriffe anderer Menschen unterscheidet**, die uns oft von den Psychologen in schwierigen Lebenssituationen empfohlen wird.

In eine "totale Verteidigung" überzugehen, heißt auf keine Beanstandungen, Angriffe und Beleidigungen zu reagieren, das kann jeder Mensch auch ohne Hilfe eines Psychologen. Das passiert in vielen Familien, in denen ein Elternteil mehr Macht über den anderen hat und ihn ständig belehrt, was er wie tun soll, usw. Wenn diese Belehrungen in einer hochemotionalen und beleidigenden Form ausgesprochen werden, so kann die Reaktion sehr unterschiedlich sein.

Manchmal beginnt auch einer der Partner zu trinken und versetzt sich in eine tiefe **mentale und emotionale Verteidigung**, d.h., er/sie hört auf zu reagieren auf alle Ansprüche, Angriffe und Beleidigungen die ihm/ihr begegnen. Das ähnelt stark der Position "Das Leben ist ein Zirkus", aber hat auch seine Besonderheiten.

Bei dieser Position der Verteidigung ist es **sehr wichtig, was im Kopf des Menschen real vorgeht**. Wenn er es tatsächlich schafft, sich vollkommen zu verschließen und auf keine Äußerungen und Ansprüche zu reagieren, so lacht er innerlich: „Sag, was du willst, ich trink ein' Pils", dass heißt: alles ist O.K. Keine Unzufriedenheit mit dem Leben, also füllt sich das "Karmagefäß' auch nicht.

In meisten Fällen jedoch gelingt es dem Angreifer, sehr empfindliche Stellen zu treffen und das Verteidigungsschild zu durchbrechen. Als Resultat kommt es zum Aufflammen der Emotionen, Ansprüchen, Geschrei usw. Wie Sie verstehen, bleibt der Füllgrad des Karmagefäßes nicht auf demselben Niveau.

Eine andere Variante: Der Mensch hat sich verschlossen und reagiert auf keine Angriffe mehr. Vom Äußeren her kann er einem absolut gefühlslosen Wesen ähneln. Dabei **toben in ihm die Emotionen** und sein Verstand generiert ständig Hunderte von Antwortmodellen auf diese Angriffe. Aber diese Variante der Verteidigung spricht leider ganz offensichtlich für das **Vorhandensein falscher Überzeugungen: Gekränktheit durch das Leben**. Deswegen wird sein "Aufseher" zur "Erziehung" von weiteren äußeren Problemen absehen und stattdessen zusätzliche innere Probleme erzeugen. Höchstwahrscheinlich wird so aus der Verteidigung ein Problem mit dem Blutdruck werden, sie wird zu verschiedenen Herzproblemen oder noch schlimmeren Krankheiten führen. Der Mensch steckt damit in einer Klemme: von außen her erwarten ihn Skandale, im Inneren - eine ganze Menge von Krankheiten. Es sieht so aus, als ob das der direkte Weg zum vorzeitigen Abbruch der Exkursion in diese Welt ist.

Wie kommt man denn aus dieser Situation heraus? Unserer Meinung nach würde Ihnen, falls Sie leicht in eine totale Verteidigung verfallen, die Position "Das Leben ist ein Zirkus" gut passen. Ihr Platz ist im Zuschauerraum. Hier müssen Sie aber begreifen, dass wenn Sie sich auch nur innerlich Emotionen erlauben, stehen Sie sofort auf der Bühne, zusammen mit den anderen Clowns. Deswegen sollten Sie versuchen, die ganze Zeit im Zuschauerraum zu bleiben und von weitem zu beobachten, was da auf der Bühne geschieht, auf der Ihr Partner die Rolle eines totalen Kontrolleurs und Selbstherrschers spielt.

Natürlich wird er auf jede Art und Weise versuchen, Sie in das Spiel einzubeziehen. Er ist doch so einsam ohne Sie. Und er wird nach allen möglichen Mitteln suchen, um Sie auf die Bühne zu bringen, damit Sie nicht im Zuschauerraum alleine bleiben.

Ihre Aufgabe wird es sein, sich nicht auf die Bühne zerren zu lassen. Sie können sich sogar vorstellen, dass dieser Mensch die ganze Zeit in seinen Händen **eine Fangschlinge** hält. Sollten Sie nur einen Augenblick lang unaufmerksam sein, so wirft er diese über Sie und zieht Sie dann auf die Bühne. Sie können ausschlagen wie ein ungezähmtes Pferd, aber die Fangschlinge wird Sie festhalten. Wenn er Sie erwischt, so müssen Sie ganz bestimmt auf die Bühne und werden gemeinsam mit den anderen „tanzen“.

Deswegen dürfen Sie bei Begegnungen oder Telefonaten mit diesem Menschen nicht vergessen, dass er die Fangschlinge bereithält. **Ihre Aufgabe wird es sein, sich nicht fangen zu lassen.** Wenn Sie dieses Bild von Ihrem Opponenten haben, so wird es ihm nicht gelingen Sie zu fangen. Sie bleiben dann in jeder Situation gelassen und lächeln innerlich.

Der Effekt wird sehr stark sein: Sie bleiben die ganze Zeit Zuschauer, und Ihr Karmagefäß füllt sich nicht.

Anwendungsbereich

Wir müssen hier gleich hinzufügen, dass diese Position nicht zu jedem Menschen passt. Sie passt mehr zu Hausfrauen, Wissenschaftlern und Angestellten eines großen Unternehmens, die mit ihrer Lage zufrieden sind und diese auch nicht verändern möchten.

Für einen Unternehmer, der mit der Verwirklichung eines Projekts beschäftigt ist, eignet sich mehr die vorige Position des Spielers – wenn er sich mit beruflichen Dingen beschäftigt. In der anderen Zeit, wenn er sich zu Hause ausruht oder sich mit seinen Freunden trifft, mit seinen Kindern spielt oder in seinem Garten arbeitet, raten wir ihm die Position "Das Leben ist ein Zirkus" einzunehmen.

Dasselbe trifft auch für den Menschen zu, der mit seiner beruflichen Position und seinem Einkommen unzufrieden ist. Beim Verfolgen seiner Ziele ist er ein Spieler, sonst sitzt er im Zuschauerraum.

SCHLUSSFOLGERUNGEN

1. *Die zweite Lebensposition heißt "Das Leben ist ein Zirkus". In dieser Position müssen Sie annehmen, dass alles, was im Leben passiert, der Auftritt von Clowns in einem Zirkus ist. Die Menschen nehmen leidenschaftlich an der Vorstellung teil, Sie sitzen aber im Zuschauerraum und beobachten alles nur.*
2. *Diese Position unterscheidet sich von der intuitiv eingenommenen Position der totalen Verteidigung dadurch, dass der Mensch sogar innerlich auf nichts reagiert und gelassen bleibt.*
3. *Diese Position eignet sich für Menschen, die mit ihrer Lage zufrieden sind und nicht danach streben, etwas in ihrem Leben zu verändern.*

3.3. Das Leben ist ein großer Mechanismus

Eine weitere Lebensposition heißt: **„Das Leben ist ein großer Mechanismus“**. Und **ich bin** dementsprechend **eine kleine Schraube** dieses Mechanismus.

Der Ort der Anwendung der Lebensposition

Auf Arbeit nehmen diese Position die Menschen ein, die in einem großen und starken Unternehmen arbeiten, das ihr Leben mit allem Notwendigen versorgt und ihnen eine gute Zukunft gewährleistet. Ein Beispiel für solche Unternehmen sind japanische Firmen mit lebenslänglichen Arbeitsverträgen. Oder Klöster. Oder staatliche Organisationen wie Armee, das Innenministerium und andere Vollzugsorgane, in denen Arbeitnehmer gewöhnlich danach streben, ihr ganzes Leben lang dort zu bleiben.

Diese Position bedeutet: **Sie nehmen, alles was mit Ihnen geschieht, passiv an**. Sie werden nicht kritisiert – gut; man kritisiert Sie – dann muss es Gründe dafür geben. Man zahlt Ihnen Geld – hervorragend; wird nicht gezahlt – es muss wohl so sein. Man liebt Sie – Danke; man liebt Sie nicht – also nicht. Sie nehmen alle Ereignisse und Geschehnisse demütig an, beschweren sich nicht und stellen keine Ansprüche.

Im Großen und Ganzen, egal was passiert, das Leben ist großzügig und Sie sind selig. Ihr Verstand schafft keine Lebensmodelle, sondern nimmt alles so an, wie es ist.

Anforderungen an den Teilnehmer

Hier müssen wir gleich sagen, dass es „in unseren Breiten“ sehr wenige Menschen mit dieser Lebenseinstellung gibt. Vielleicht nur in den Klöstern oder Kirchgemeinden.

Unser Erziehungssystem bereitet uns auf einen Lebenskampf vor, und wir sind Kämpfer. Woher bekommen wir aber

Ziele, nach denen wir streben sollen? Meistens aus dem Fernsehen mit seinen Idolen wie Gewalt, Sex, materielle Güter. Millionen von Menschen schauen sich gern das glückliche und sorglose Lesen von Millionären an. Im Unterbewusstsein wird aber eine Programmierung dessen durchgeführt, wie Menschen leben sollen: sich ständig verlieben, fremdgehen, schöne Häuser und Autos kaufen, Ballveranstaltungen besuchen, mit dem Flugzeug fliegen und in schönen Büros sitzen usw.

Wir sagen nicht, dass es schlecht ist. Wenn Sie das Geld haben, so können Sie ruhig Ihr Haus so gestalten, wie Sie wollen. Der Mensch kam auf die Welt, um das zu erleben, was es auf der Welt zu erleben gibt.

Aber das Leben besteht nicht nur aus Ausflügen und Sex, selbst bei reichen Menschen nicht. Sie haben auch karmische Aufgaben zu erfüllen, und wenn sie es nicht tun, dann werden sie karmisch "erzogen". Man kann sich nicht bei dem "Aufseher" freikaufen.

Hiermit möchten wir sagen, dass all diese Filme über das schöne Leben unserem Verstand bestimmte Lebensmodelle vorführen. Aber wir leben nicht so, wie es diese Filme zeigen, und deswegen entstehen bei uns unrealistische Ansprüche an das Leben. Was daraus resultiert, wissen wir schon. Deswegen ist es sehr wichtig zu verstehen, dass wir Märchen sehen, die in Hollywood ausgedacht wurden. Hollywood verdient mit seinen Märchen reale Millionen. Und wir leben im Land der Träume, das durch dessen Phantasie entstanden ist. Das ist nicht richtig, denn wir dürfen keine Ansprüche an das Leben haben. Wir müssen es so nehmen, wie es ist.

Anforderungen an die "Schraube"

Die Position einer kleinen Schraube müssen Sie gut beherrschen, wenn Sie in einem großen Unternehmen arbeiten wollen (oder schon arbeiten).

Dieses Unternehmen fordert auch bestimmte Qualitäten von seinen Mitarbeitern: **Loyalität, Treue und Einhaltung aller Verhaltensregeln des Unternehmens**. Solche Unternehmen geben ihren Mitarbeitern ein Gefühl der Sicherheit für die Zukunft, deswegen sind die Menschen sogar mit einem durchschnittlichen Einkommen zufrieden und riskieren nichts. Sie fühlen sich innerlich als kleine Schrauben eines großen Mechanismus, und man fordert von ihnen nur die Erfüllung ihrer Aufgaben und keine Störung im Ablauf des gut ausgearbeiteten Mechanismus.

Große Unternehmen sind meist konservativ und dulden keine großen Innovationen und Initiativen, besonders seitens der Mitarbeiter. Wenn ein Unternehmen zu viele solcher Mitarbeiter hat, so kann dies den ganzen Arbeitsablauf blockieren. Deswegen werden meist aktive und innovative Bewerber abgewiesen. Die vollkommene Treue ist gefragt, wenn ein Mitarbeiter diese leistet, so bekommt er ein höheres Einkommen, wird versetzt, bis hin zu einer führenden Position. Der Höhepunkt der Kariere ist eine Stelle im Vorstand des Unternehmens.

Wenn Sie solch eine Stelle anstreben, so können Sie die Position der Schraube in einem Mechanismus ausprobieren. Wenn Sie sich darin wohl fühlen und sich nie beschweren, weil Sie angeblich jemand unterdrückt oder Sie unterschätzt werden, so wird sich diese Position gut für Sie eignen.

Wenn Sie aber meinen, dass der Vorstand nicht das höchste Ziel für Sie wäre und Sie sich lieber als Geschäftsführer dieses Unternehmens sehen würden, dann ist diese Position nichts für Sie. Schauen Sie sich dann besser die vorherigen Positionen an.

Sie werden Ihnen dabei helfen, keine irdischen Werte zu idealisieren. Dabei können Sie Ihre Führungsqualitäten und Ihre inneren Ansprüche voll zur Geltung bringen, vielleicht sogar Millionär in drei Jahren werden.

Anwendungsbereich

Die erwähnte Lebenshaltung eignet sich gut für Menschen, die nicht allzu selbstsicher sind und meinen, dass **das Leben sowieso all das geben wird, was sie brauchen**. Diese Position kann auf allen Gebieten angewendet werden: In der Liebe, im Familienleben, im Beruf und in der Freizeit. Allerdings ist das die Lebenshaltung eines Angestellten und wird sich nicht für Unternehmer eignen, die ihre Projekte erfolgreich und schnell durchführen wollen.

Diese Lebenshaltung kann z.B. ein Beamter annehmen, der in einem großen Staatsorgan tätig ist. Er kann zwar seine eigenen Ideen haben, darf aber den Vorstand nicht umgehen und muss dessen Ideen durchsetzen, ob er mit ihnen verstanden ist oder nicht. Wenn er seine eigenen Ideen lange und zielstrebig verfolgen würde, so wäre es schon möglich, dass sie ihren Weg zur Verwirklichung finden. Wichtig ist, dass er sich bis dahin nicht vom Leben gekränkt fühlt.

Denn wenn wir einer Idee zu viel Bedeutung beimessen, so wird unser "Aufseher" uns erziehen, indem er ihre Verwirklichung verhindert.

Gemeinsamkeiten und Unterschiede der Positionen

Vom Äußeren her ähnelt die Position der "kleinen Schraube" der Position des "Zuschauers" im großen Zirkus. Aber es gibt auch krasse Unterschiede. Die kleine Schraube kann nicht auf die große Bühne gehen und an den Geschehnissen aktiv teilnehmen, um ihre Ziele zu erreichen. **Sie darf einfach keine Ziele**

haben, denen sie nachgehen könnte! Sie erhält alles vom Leben, und mehr wünscht sie sich nicht. Wenn sie aber unerfüllte Wünsche hat und sich für ihre Verwirklichung einsetzt, so wird sie zu einem „Spieler“ und müsste ihre Lebenshaltung grundsätzlich verändern. Der „Zuschauer“ kann ruhig gelegentlich auf die Bühne steigen und ein „Spieler“ werden. Aber dann muss er in den Zuschauerraum zurückkehren. Eine “Schraube” kann das nicht. Sie ist ein Teil des großen Mechanismus, und wenn sie sich hin und her bewegt, so wird sie vom Mechanismus herausgeworfen! **Sie hat kein Recht selbstständig zu sein**, sie muss sich zusammen mit den anderen Teilen des Mechanismus drehen. Selbstständigkeit wird hier nicht geduldet! Na und. Auf die Zirkusbühne können Sie es doch jederzeit noch schaffen.

SCHLUSSFOLGERUNGEN

1. *Die dritte Lebensposition besteht darin, dass Sie annehmen, dass das Leben ein großer Mechanismus ist und Sie nur eine kleine Schraube in diesem Mechanismus sind.*
2. *Diese Position können Menschen einnehmen, die keine Ansprüche an das Leben haben und es in all seinen Erscheinungsformen annehmen.*
3. *In der Position der "kleinen Schraube" können Sie sich bestimmte Ziele setzen und versuchen sie zu verwirklichen. Aber Sie können das nur im Rahmen der von Ihnen gesetzten Lebensregeln machen, ohne groß selbstständig zu sein.*

3.4. Das Leben ist das, was ich will

Der Titel dieses Abschnitts klingt sehr attraktiv. Und es ist tatsächlich toll zu leben, wenn das Leben das ist, was Sie möchten. Hier brauchen Sie sich auch nichts zu wünschen – wozu auch? Sie wählen einfach das Leben, das Sie gern hätten. Das Leben eines Künstlers, Millionärs, Don Juans...

Die Wahl ist getan

Ist denn so etwas möglich? Kann man sich das Leben nach eigenem Geschmack auswählen?

Die Antwort auf diese Frage ist nicht schwer. Sie leben **das Leben, das Ihre Seele sich früher gewünscht hat**. Da Sie aber mit dem Leben nicht sehr zufrieden sind, so muss Ihre Seele wohl keine große Auswahl gehabt haben. Warum, ist nicht schwer zu verstehen.

Wenn wir uns an das zehnschichtige Modell der Feinen Welt erinnern, so wird uns klar, dass die Seelen aus den höheren Schichten die größte Auswahl haben.

Die Auswahl der Seelen aus den unteren Schichten ist begrenzt. Je mehr Sünden ein Mensch aus der Feinen Welt mitgebracht hat, desto weniger Möglichkeiten hat er für seine Wiedergeburt. Der Mensch **ist durch sein Karma belastet**, wie sich in diesem Fall Spezialisten in karmischen Angelegenheiten zu äußern belieben. Dementsprechend muss er viele karmische Aufgaben erfüllen und viele karmische Knoten lösen. Wie Sie verstehen, ist das kein Vergnügen, die Sünden abzubüßen. Wenn noch irgendwelche Idealisierungen dazustoßen, so wird einem das Leben als eine Last vorkommen. Man wünscht sich dann, mit diesem Leben Schluss zu machen.

Hier müssen wir hinzufügen, dass viele Menschen dies auch versuchen. Eine Schlinge um den Hals oder ein Stein am Körper, und alle Probleme sind auf einmal weg! Leider ist das aber nur eine Illusion. Noch ehe sich der Körper eines solchen Menschen abkühlt, findet sich seine Seele in der untersten Schicht der Feinen Welt zur "Umerziehung" wieder. Und dann kommt sie gleich wieder auf die Erde, in eine noch schlimmere Situation.

Also müssen wir alle unsere Sünden hier auf der Erde abbüßen. Und wenn wir das geschafft haben, alle Knoten gelöst und Aufgaben erfüllt, so können wir mit dem Leben beginnen, das wir gern hätten.

Das bedeutet: Nur die Menschen, deren Karmagefäß leer ist, leben das gewünschte Leben. Aber auch diese Menschen haben Einschränkungen.

Einschränkungen

Das sind die Arbeitsstelle, der Wohnort, die Familie, das sind die Verpflichtungen gegenüber den Menschen usw. Das alles gibt es schon, und **selbst bei einer sehr starken Unterstützung seitens der Höheren Gewalt können Sie Ihre Situation nicht sofort verändern.** Wenn Sie mit Ihrer Ehefrau in Saarbrücken leben, so haben Sie nur sehr geringe Chancen Mitglied der Familie Rockefeller zu werden. Nun, es ist natürlich möglich. Scheidung, Abreise nach Amerika, Begegnung mit der Tochter aus dieser Familie und dann Heirat – das wäre doch der Weg eines professionellen Geschehensgestalters, der keine Karmalast zu tragen hat.

So etwas gibt es aber nur in Seifenopern. Im realen Leben ist es viel einfacher. Wenn ein Mensch keine Karmalast zu tragen hat, bedeutet es, dass er sich um irdische Werte kaum kümmert. Für ihn ist die Heirat mit Frau Rockefeller genau so attraktiv/unattraktiv wie ein Banküberfall oder die Teilnahme an einer Sex-Show.

Ein Mensch, der keine Karmalast hat, wird freiwillig ei-

nen ganz anderen Weg nehmen, der höchstwahrscheinlich im Dienste der Menschen und der Höheren Gewalt und unter strengen materiellen und anderen Einschränkungen verlaufen wird.

Sind also andere Wege für Menschen, die ein leeres Karmagefäß haben, nicht möglich?

Unserer Meinung nach ist dem nicht so. Natürlich können wir die Einschränkungen nicht umgehen, dafür aber die Verwirklichung unserer Ziele beschleunigen ohne dabei neue Sünden anzusammeln. Wir müssen einfach verstehen, was genau wir wollen. Wir müssen die Verwirklichungsetappen unserer Ziele vorausplanen, und das mit Hilfe der Höheren Gewalt. Was das Ziel auch sein mag, es ist zu erreichen. Der Höheren Gewalt ist es absolut egal, wie viel Geld und in welcher Währung wir haben. Wie viel Geld wir vertragen können, ohne unsere Seele zu verletzen, so viel erhalten wir auch, wenn wir uns an die oben angeführten Regeln halten und die Höhere Gewalt auf die richtige Art und Weise darum bitten. Näheres darüber erzählen wir im nächsten Kapitel.

SCHLUSSFOLGERUNGEN

1. *Das Leben so zu gestalten, wie man es möchte, lässt sich mit einem leeren Karmagefäß leichter anstellen. Aber Menschen mit einem leeren Karmagefäß wünschen sich eher wenig.*
2. *Auch die anderen Menschen können ihr Leben so gestalten, wie sie wollen, wenn sie ihre karmische Aufgabe erfüllen und auf eine richtige Weise mit der Höheren Gewalt gemeinsam auf das Erreichen der Ziele hinarbeiten.*
3. *Jeder Mensch kann sich eine Lebensposition schaffen, die es ihm erlaubt, sein Karmagefäß nicht weiter zu füllen und dabei seinen Interessen und Bedürfnissen nachzugehen.*

4. GESCHEHENSGESTALTUNG MIT HILFE DER DENKKRAFT

Der Titel unseres Buches lautet: **Was tun, wenn alles anders ist, als man möchte?**

Unserer Ansicht nach haben wir die Frage bereits beantwortet. Hier würde also eine neue Frage / ein neuer Weg / ein neues Buch beginnen. Und doch wollen wir der Vollständigkeit wegen den dritten Aspekt unserer Methodik der Geschehensgestaltung in den nächsten Paragraphen vorstellen. Erstrebenswert wäre es also:

1. **alle Widersprüche mit der Umwelt zu beseitigen und**
2. **eine richtige Lebenshaltung einzunehmen.**

Und wenn Sie danach noch Wünsche und Ziele haben, dann beginnen Sie mit ihrer Verwirklichung, d.h.

3. **mit der Höheren Gewalt zusammenzuarbeiten.**

Vergessen Sie nur die vorigen beiden Aspekte nicht, sie sind einzuhalten und zwar in allen Lebensbereichen.

Der letzte Teil unseres Buches ist somit einer rein praktischen Frage gewidmet: **wie können wir auf die schnellste und leichteste Art und Weise unsere Ziele verwirklichen?** Unsere alltägliche Erfahrung zeigt, dass es gar nicht leicht ist, zumindest für die meisten Menschen. Vielleicht fehlt es uns an einer bestimmten Ausbildung?

Aber das Leben zeigt uns, dass auch eine gute Business-Ausbildung keine Erfolge im Geschäftsleben gewährleisten kann. Die meisten Reichen in Russland haben keine entsprechende Ausbildung abgeschlossen. Dasselbe gilt wohl auch fürs Ausland. Zuerst verdienen solche Menschen Millionen, und dann machen sie oft eine gute Ausbildung.

Deshalb denken wir, dass es für Erfolg in Business etwas Wichtigeres gibt als die Ausbildung. Natürlich sind auch Charakterzüge wie Entschlossenheit, Selbstsicherheit und Elan von

Bedeutung. Aber Sie haben sicherlich schon Menschen mit diesen Eigenschaften getroffen, die jene erfolgreich nur bei Familienstreitigkeiten und in den anderen Lebensbereichen einsetzen konnten, aber fürs Business untauglich waren. Deshalb ist der Charakter auch nicht der wichtigste Bestandteil für das Erreichen gesetzter Ziele. Was dann?

Als Antwort greifen wir zu einer Volksweisheit. In Russland, zum Beispiel, sagt man, dass ein Händler, um erfolgreich sein Geschäft führen zu können, entweder **Glück** oder eine "**leichte Hand**" haben muss. Und so ist es bei allen Dingen: sei es Business, die Suche nach dem idealen Partner für ein Familienleben oder für nur einen Abend, ein Wohnungsaustausch oder ein Autokauf usw.

In den vorigen Kapiteln haben wir beschrieben, wie man das Unglück abwendet. In diesem Kapitel betrachten wir den positiven Aspekt desselben Problems: Wie erlangt man für seine Vorhaben die Unterstützung der Höheren Gewalt.

Unsere Methodik der Geschehensgestaltung beinhaltet eine **angewandte Technologie der harmonischen Wechselbeziehungen zwischen Mensch und Umwelt beim Erreichen persönlicher Ziele**.

Wir wissen bereits, dass die Umwelt ein sehr feiner und komplizierter Mechanismus ist, und dieser duldet keine groben Einwirkungen und Verletzungen der Regeln, die von der Höheren Gewalt gesetzt wurden. Wenn Sie unbedacht Ihrem Ziel entgegenstürmen, dann bedeutet dies, dass Sie den Hinweisen Ihres "Aufsehers" und der anderen Vertreter der Höheren Gewalt keine Achtung beimessen. Höchstwahrscheinlich idealisieren Sie Ihre Fähigkeit das Ziel zu erreichen, und das "erzieherische Verfahren" wartet schon auf Sie.

Das richtige Vorgehen beschrieben wir in sieben Paragraphen, die in unserer Systematisierung den **sieben Grundprinzipien vom Denken und Handeln** entsprechen.

4.1. Gestalten Sie bewusst Ihr Leben!

Sind es etwa wir selbst, die unsere Krankheiten, Unannehmlichkeiten auf der Arbeit und in der Familie, den Zerfall des Landes, hohe Steuern und Preise und vieles andere verursachen?

Dem ersten Anschein nach geschieht das alles ohne unsere Teilnahme. Jeder Mensch kann sich an einen Vorfall erinnern, bei dem er sich etwas sehr gewünscht hatte und sein Wunsch auch in Erfüllung gegangen war, obwohl es ein wenig früher keine objektiven Voraussetzungen für diese Situation gab. Zum Beispiel, wenn Sie plötzlich etwas geschenkt bekommen haben, was Sie sich heimlich schon lange gewünscht haben. Oder Sie haben unerwartet einen guten Job gefunden, wie man ihn sich nur wünschen kann. Oder Sie konnten auf einmal eine Reise unternehmen, für die Sie früher weder Geld noch Zeit hatten. Oder Sie haben die Frau (den Mann) Ihrer Träume kennen gelernt.

Fast jeder Mensch, mit dem wir uns unterhalten haben, konnte sich an einen solchen Vorfall erinnern.

Aber ebenso oft ziehen wir negative Geschehnisse an. Zum Beispiel, wenn Sie fürchten, dass man Ihnen Ihr Auto stehlen könnte, und es trotz Alarmanlage verschwindet. Oder Sie haben Angst sich zu erkälten, und sobald Sie sich warm angezogen haben, kommt die Krankheit tatsächlich.

Vor dem Handeln bedenken Sie zig Varianten der negativen Weiterentwicklung des Geschehnisses und finden für viele gleich einen Ausweg, aber es findet sich immer eine Variante, die Sie nicht in Betracht gezogen haben – und die Sache scheitert.

Wenn Sie die vorigen Kapitel des Buches aufmerksam gelesen haben, so verstehen Sie jetzt gut, dass alle Ihre Ängste und Befürchtungen die Folge Ihrer Idealisierung irgendwelcher irdischen Werte sind. Die Idealisierung führt aber zu den "erzieherischen" Maßnahmen.

Deshalb müssen Sie, wenn Sie aufrichtig zu sich selbst sind, als Erstes annehmen: **Alles, was im Leben passiert, geschieht nicht ohne Ihre Teilnahme**. Das alles wurde so oder so in Ihren Gedanken zugelassen und sogar von Ihnen selbst eingeplant. Daher empfiehlt sich:

DENKEN SIE IMMER POSITIV!

Diese Regel besagt, dass Sie sich in Ihren Gedanken so sehen müssen, wie Sie es sich wünschen: gesund, schön, reich, glücklich usw. Wenn Ihnen ein wichtiger Termin bevorsteht und Sie Angst haben, dass er schlecht verlaufen könnte, dann betrachten Sie in Gedanken alle möglichen Varianten der Situation, die aber für Sie sehr positiv sein müssen. Es ist durchaus möglich, sich das Treffen in einer nicht gerade freundlichen Atmosphäre vorzustellen, vielleicht auch dass es zu einem schärferen Ton mit Beanstandungen, Drohungen usw. kommt, aber diese Situationen sollten alle gut enden. Das heißt, wir raten Ihnen **nur positive Ausgänge der Situationen zu prognostizieren** und nicht wie gewöhnlich die negativen.

Wir dürfen nicht solche negativen Geschehnisse wie Brand, Diebstahl, Katastrophen usw. in Erwägung ziehen, Sie gehören nicht in unser „Verwaltungsgebiet", sondern als "erzieherische" Maßnahmen in das unseres "Aufsehers". Deswegen vergessen Sie nicht die karmische Grundanforderung und denken Sie immer positiv!

Bevor wir zum weiteren Grundprinzip übergehen, möchten wir Ihnen davon erzählen, welche Höhere Gewalt Ihnen beim Erreichen Ihrer Ziele helfen wird. Also, ein bisschen Theorie.

Wer uns bei der Geschehensgestaltung hilft

Unser "Aufseher" ist eher ein Teil von uns selbst, einer unserer feinen Körper. Wenn er unsere Wünsche bemerkt, trifft er eine Entscheidung, und dann kann er sich an die Höhere Gewalt richten, mit Bitte um Hilfe. Für weitere Hilfe sind astrale Wesen namens **Eggregore** zuständig. Der berühmte russische Astrologe und Esoteriker Awessalom Podwodnij definiert einen Eggregor als **ein sich selbstständig entwickelndes Objekt der Feinen Welt, das mit einer bestimmten Gruppe von Menschen oder mit einer Idee verbunden ist.**

Die Materie unserer Gedanken ist sehr fein, und deshalb wird sie nicht von unseren groben Sinnesorganen registriert. Wenn eine Gruppe von Menschen über ein Thema nachzudenken beginnt, dann **verbindet sich die von ihnen abgesonderte feine Gedankenmaterie zu einem Gebilde.** Erreicht dieses Gebilde eine gewisse Größe, so entsteht ein Eggregor dieser Gruppe von Menschen oder dieser Idee. Man kann sich einen Eggregor als ein kleines, helles Wölkchen (schwacher Eggregor) oder als eine übergroße, dunkle und mächtige Regenwolke (starker Eggregor) vorstellen.

Eggregore

Die stärksten **Eggregore** sind die **der Weltreligionen**. Es gibt noch **Eggregore der Familie, der Wissenschaft, des Militärs, der Sexualität, des Nationalismus'** usw. Wenn die Eggregore eine bestimmte Größe ereichen, fangen sie an für sich zu werben, dass heißt, sie versuchen die Aufmerksamkeit von immer mehr Menschen auf sich zu ziehen. Sie verleihen ihren treuesten Anhängern eine große Macht und beschenken sie mit Augenblicken der Eingebung. Zum Beispiel geben die Eggregore der Wissenschaft den treuesten Wissenschaftlern immer wieder eine Lösung für ein kompliziertes Problem. In Wirklichkeit “schließt” ein Eggregor in diesem Moment den Wissenschaftler an ein bestimmtes Gebiet der Wissenschaft an, wo jener dann ein Stück der Information ablesen kann. Alles auf einmal kann der Mensch nicht bekommen, sonst würde er zum Herrscher über die Eggregore werden.

Im Geschäftsleben begünstigt der entsprechende Eggregor auch einige Menschen, die ein hohes Einkommen als Preis für ihre Treue erhalten. Zugleich versuchen andere Unternehmer, denen dieses Glück/dieser Schutz durch den Eggregor nicht beschert ist, alles zu leisten, um Erfolg und finanziellen Wohlstand zu erreichen, aber vergeblich.

Viele von uns haben sich schon oft wie der unglücklichste Mensch auf der Welt gefühlt und haben diesen Gedanken dann auch lange genossen. Als Resultat wuchs ein großer **Eggregor des unglücklichen Lebens**, von dem aus „Arme“ zu dem Menschen langen, wie “Niemand liebt mich”, “Ich bin der Unglücklichste”, “Ich bin ungeschickt”, ”Ich bin hässlich”, ”Das Leben ist mir nicht gelungen” usw. Derartige Sorgen bereiten dem Eggregor ein wahrhaft großes Vergnügen und er unternimmt (zusammen mit Ihrem “Aufseher”) alles, damit diese Gedanken uns nicht verlassen.

Sehr stark in der Welt ist der **Eggregor der Politik**, vor allem in Ländern mit unstabiler Wirtschaft. Millionen von Menschen nehmen hier emotional an den ablaufenden politischen Geschehnissen teil (was man nicht mit der aktiven politischen Tätigkeit verwechseln darf, die nur ein paar Tausende betreiben). Jedes politische Ereignis ruft eine positive oder negative (meist negative) Welle von Emotionen hervor, die dem Eggregor der Politik Kraft verleiht. Dieser Eggregor leitet seine Kraft weiter an die Politiker, die ihm treu sind. Als Resultat fühlen sich diese Politiker, die von Tausenden Menschen gehasst werden, körperlich absolut gesund und haben nicht einmal einen

Schnupfen. (Zugleich würde ein „normaler" Mensch dabei krank werden oder sogar sterben.)

Sehr stark ist unserer Meinung nach der **Eggregor der Massenunterhaltung** (Show-Business), den Millionen von Menschen mit ihrer Energie bespeisen, wenn sie während der Veranstaltungen dasselbe fühlen und dasselbe empfinden. Dieser Eggregor begünstigt wiederum Schauspieler und Sänger, die ihm treu sind, und hilft ihnen, den Ruhm und die materiellen Güter zu bekommen.

Unsere Beschützer

Wir wählen, bewusst oder unter dem Einfluss von bestimmten Menschen, unsere Freunde. Wir entscheiden uns für einen Beruf, ein Hobby usw. Nicht zuletzt wählt unser "Aufseher" **einen bestimmten Eggregor für uns**, abhängig davon, welche Ereignisse von ihm als "Erziehungsmaßnahme" ausgewählt wurden.

Fast jeder Mensch wird von einem oder mehreren Eggregoren geleitet. Diese kümmern sich um uns und helfen uns, mit verschiedenen alltäglichen Situationen fertig zu werden.

Die Energie der so genannten "niederen" Eggregore ist gewöhnlich sehr stark: es fällt einem schwer, schlechte Angewohnheiten wie Trinken, Rauchen, Schimpfen, Aggressivität usw. aufzugeben oder wenigstens zu kontrollieren.

Die Energie der "höheren" Eggregore ist gewöhnlich sehr schwach, ihre Andeutungen und Hilfestellungen sind kaum spürbar. Diese Signale kann nur ein Mensch mit reinem Körper empfangen, der mit keinerlei Schlacken der Zivilisation beschmutzt ist, oder ein Mensch, der bestimmte Methodiken beherrscht, von denen wir später berichten werden.

4.2. Klettern Sie auf einen Gipfel!

Wenn Sie die Wünsche, die Sie während eines Tages hatten, analysieren, so werden Sie merken, dass Sie alles auf einmal haben wollten: Ruhm, Geld, ein schönes Auto, eine hübsche Handtasche, den Fernseher reparieren lassen, Ihrem Vorgesetzten mit einer hinterhältigen Tat schaden, eine Gehaltserhöhung, ein Restaurantbesuch, eine Verabredung usw. Ihre Wünsche sind nicht einmal nach ihrem Bedeutungsgrad geordnet, sie ähneln einem Lauf in gleichzeitig viele verschiedene Richtungen.

Ahnen Sie schon, wie schwer es ist, Ihnen zu helfen. Ihr Beschützer, ein Ihnen geneigter Eggregor, kann nicht alle Ihre Wünsche gleichzeitig erfüllen, dazu reicht seine Kraft nicht aus.

Das bedeutet, dass Sie aus der Vielfalt Ihrer Wünsche **nur einen auswählen** und alle anderen bewusst unterdrücken sollten.

Was das für ein Wunsch sein wird, entscheiden Sie selbst. Das kann ein materielles Objekt betreffen: ein Auto, eine Wohnung usw. Es kann eine Tätigkeit sein, wie Arbeiten, Reisen usw. Das kann auch ein schönes Ereignis im Leben sein, wie die Begegnung mit Ihrem geliebten Menschen, ein Erbe, ein Fernsehauftritt usw. Es kann auch eine Veränderung des Lebensstils oder das Erreichen eines höheren Lebensniveaus sein, wie Anerkennung, Berühmtheit, usw. Das kann auch ein intellektuelles Aufleuchten sein, wie eine neue Theorie, eine Entdeckung, ein neues Gedicht, ein neues Bild usw. Die letzte Position ist die leichteste für die Eggregore, weil Sie von ihnen nur Information und keine Geschehensgestaltung auf materiellem Niveau (was für sie sehr schwierig ist) verlangen.

Nachdem Sie Ihr Ziel erreicht haben, können Sie zum nächsten übergehen. Vergessen Sie aber nicht dem Prinzip zu folgen.

4.3. Schwimmen Sie mit dem Strom!

Das dritte Prinzip erlaubt es uns unter den Wünschen denjenigen auszuwählen, der sich zum jeweiligen Zeitpunkt am leichtesten verwirklichen lässt. Wenn Sie plötzlich einen starken Wunsch verspüren und Ihre Eggregore laut unserer Methodik um Unterstützung bitten, so sollten Sie noch berücksichtigen, dass **Sie auf dieser Welt nicht allein sind**. Wenn Millionen von Menschen sich nach etwas sehnen, entstehen in der Feinen Welt zielgerichtete Energieströme aller möglichen Eggregore – und es zerfallen Parteien und Staate und es entstehen die neuen. Es wäre vernünftiger sich an diese unsichtbaren Ströme anzupassen, anstatt „dagegen zu schwimmen".

Mit dem Strom schwimmen! Die Idee ist ganz klar und keiner hat an ihr etwas auszusetzen, aber wie realisieren wir diese Idee in der Praxis? Die Ströme der Feinen Energie sind unsichtbar und in welche Richtung sie heute fließen und in welche sie morgen fließen werden, ist uns unbekannt. Was soll man denn tun?

Wie kommen wir in den Strom?

Auf diese spitzfindige Frage hat die Methodik der Geschehensgestaltung eine einfache Antwort: **tun Sie das, was sich heute am leichtesten tun lässt**.

Zum Beispiel müssen Sie sich mit einem Menschen treffen, um etwas von ihm zu bekommen, aber Sie können diesen nicht finden: er ist verreist, in einer Besprechung oder krank usw. Sie erhalten die Information, dass diese Wechselwirkung jetzt unerwünscht ist und kein Resultat bringen wird. Sie können natürlich einen Schlafsack mitnehmen und seine Wohnung überwachen, aber das Resultat dieses Treffens wird dann bestimmt nicht positiv sein.

Im Rahmen der Methodik der Geschehensgestaltung raten wir Ihnen in solchen Fällen eine neue Situationsentwicklung abzuwarten oder einen Umweg zu finden, in Form einer anderen Person, Organisation usw.

Was passiert, wenn wir gegen den Strom schwimmen

Wenn das unmöglich ist und Sie trotzdem versuchen, zum Ziel zu kommen, indem Sie alle Hindernisse beseitigen, so wird das bestimmt zu nichts Gutem führen. Wenn Sie mit Gewalt Ihre Ziele zu verwirklichen versuchen, so zerstören Sie die Pläne der Eggregore, die ihrerseits auch bestimmte Ziele erreichen wollen. Wenn Sie deren Weg kreuzen, so lösen Sie gleich einen Kampf gegen Sie aus, und die Eggregore besitzen eine ganze Menge an Möglichkeiten um Sie zu ärgern. Sie können Probleme auf der Arbeit oder in der Familie bekommen, es kann plötzlich zu Krankheiten oder Unfällen führen usw. Selbst wenn Sie sich nur unbewusst mit mächtigen Eggregoren anlegen, kann Ihnen Ihr "Aufseher" nicht viel helfen, dazu reichen seine Kräfte und Mittel nicht aus.

Deswegen raten wir niemandem, in diesem Leben nach dem Prinzip eines Widders zu handeln – die Konsequenzen sind unberechenbar. Wenn Sie aber durch Umstände gezwungen werden, gegen den Strom zu schwimmen, so **müssen Sie sich wie ein Lachs verhalten, der flussaufwärts schwimmt**. Dieser Fisch schwimmt zwar in die andere Richtung, aber nicht gegen den Strom. Er versucht sich dem Fluss mit seinen Kurven und Wellen, Aufwirbelungen und Abzweigungen anzupassen.

Hören Sie die schwachen Signale

Es ist nicht schwer zu bestimmen, ob Sie gegen den Strom schwimmen, **Sie müssen nur lernen, auf alle Geschehnisse zu achten, die mit Ihrem Handeln und Ihren Wünschen im**

Zusammenhang stehen. Wenn Sie die ganze Zeit jemanden erreichen wollen, die Verbindung aber besetzt bleibt, so ist das ein schlechtes Zeichen aus der Feinen Welt.

Wenn Sie durchkommen, aber falsch verbunden sind – auch das ist kein gutes Zeichen. Anschließend wählen Sie die richtige Nummer und kommen auch durch, aber Ihr Gesprächspartner ist ganz überrascht – auch das ist eine Information zum Nachdenken.

Das sind Beispiele aus unserem Alltag. Und wir möchten Ihnen auch nicht raten, wenn Sie das erste Mal nicht verbunden werden, gleich aufzugeben. Wir möchten Ihnen einfach raten, die Information über die Geschehnisse zu analysieren und nach dem dritten Prinzip zu handeln.

Zum Beispiel: Sie möchten in ein Geschäft fahren und sich dort ein neues Kleid kaufen. Sie gehen zur Haltestelle, doch der Bus (oder die S-Bahn usw.) kommt nicht. Sie schimpfen vor sich hin über die schlechte Organisation des Verkehrs, Sie wollen es nicht als ein Zeichen von Ihrem Eggregor wahrnehmen. In Wirklichkeit versucht er Ihnen klar zu machen, dass Sie die gesuchte Ware im Geschäft nicht finden werden, und dass Sie deshalb gar nicht dahin zu fahren brauchen. Und wenn es diese Ware doch gibt, so könnten nach dem Kauf verschiedene Probleme auftreten.

Wir haben nur ein Beispiel angeführt, aber in Wirklichkeit erhalten wir in unserem Leben ständig solche Signale und müssen solche erkennen lernen, um unsere Wünsche mit den realen Möglichkeiten in Einklang zu bringen und unser Ziel mit minimalem Aufwand zu erreichen.Die Feine Welt informiert uns nicht nur unserer Wünsche wegen. **Die Information fließt ständig, doch wir sind es nicht gewohnt, sie wahrzunehmen und unsere Handlungen danach zu richten.** Wir sollten es aber lernen.

4.4. Schließen Sie Freundschaft mit Ihrem Eggregor!

Das vierte Prinzip rät uns, unsere Höheren Beschützer niemals zu vergessen, unabhängig davon, ob wir uns mit einer Bitte um Hilfe schon einmal an sie gewandt haben oder nicht.

Helfen Sie Ihren Eggregoren

Wie wir schon oben angeführt haben, steht jeder Mensch mit mehreren Eggregoren in Verbindung. Diese Verbindungen haben wir während unserer Erziehung, Ausbildung, der Berufs- oder Hobbywahl, Familiengründung usw. erworben.

Jeder von diesen Eggregoren hilft uns, im Rahmen unserer Interessen und Möglichkeiten zum Erfolg zu kommen. Aber wir müssen dem Eggregor auch helfen, groß und stark zu werden oder zu bleiben. Unser Eggregor erhält seine Energie durch unsere Gedanken, und wenn wir ihm zielgerichtet Dankbarkeit aussprechen, so reinigen wir den Kanal zwischen ihm und uns, und er kümmert sich verstärkt um uns.

Ihr Eggregor hilft Ihnen

Deshalb empfehlen wir den Leserinnen und Lesern dieses Buches: **Pflegen Sie den Kontakt zu Ihrem Eggregor!** Denken Sie an ihn, lassen Sie sich von ihm beraten, versuchen Sie seine Informationen abzulesen und im Geschehen um sie herum zu erkennen. Scheuen Sie sich nicht, Fragen an ihn zu richten. Denn in der Feinen Welt ist alles über Ihre Vergangenheit, Ihre Gegenwart und Ihre Zukunft mit verschiedenen Entfaltungsmöglichkeiten der letzteren bekannt.

Wenn Sie sehr empfindsam wären und Ihr Verstand schweigsam und gelassen, so könnte Ihr Eggregor Ihnen die nötige Information auch gleich in Ihren Kopf hinein geben. Die Wissenschaftler und Schriftsteller nennen diese Erscheinung nicht umsonst „Eingebung“.

Aber die Menschen essen sehr viel Fleisch und trinken noch mehr Alkohol, geben sich den Leidenschaften hin und hören ihre innere Stimme nicht. Deswegen müssen die Eggregore nach anderen, komplizierteren, Informationsleitungen suchen. So sucht Ihr Beschützer nach passenden Vorfällen in Ihrer näheren Zukunft, um eine Antwort durch solche zu geben, **er versucht Sie darauf aufmerksam zu machen**. Die Antworten können entweder in Form von schwachen Gedanken oder als „zufällig" gelesene Zeilen in einer Zeitung, als Gesprächsfetzen unbekannter Menschen usw. auftauchen.

Wenn Sie empfindsam und bereit sind, die Information zu erhalten, so kann bei Ihnen eine feste und günstige Wechselwirkung mit Ihrem Eggregor entstehen und in Ihr Leben viel Ruhe und Entspannung bringen. Dafür müssen Sie einfach lernen, Ihre ungelösten Fragen Ihrem Eggregor zu überlassen und abzuwarten, ganz ruhig und überzeugt zu sein, dass jedes Problem eine Lösung finden wird.

Die wenigen und ernsten Probleme werden zur rechten Zeit und auf eine für Sie günstige Art und Weise gelöst.

Günstige Tage

In Ihrem Leben gab es bestimmt auch solche "günstigen Tage", an denen alles geklappt hat, an denen sich die aufgeschobenen Sachen von selbst lösten usw. An diesen Tagen standen Sie mit Ihrem Eggregor in einem sehr engen Kontakt, Sie „erwischten" an den Tagen den Energiestrom eines starken Eggregors, der buchstäblich alle anderen Ströme verdrängte und die Geschehnisse so gestalten ließ, wie Sie es sich gewünscht haben.

Leider kommen diese günstigen Tage im Durchschnitt nur ein- bis zweimal im Jahr vor. Wenn Sie aber lernen mit Ihrem Eggregor zusammenzuarbeiten und Ihre Energetik zu verstärken, so können sich die günstigen Tage öfter ereignen, und Sie werden die Lösungen der komplizierteren Probleme auf einen dieser Tage verlegen.

Lassen Sie sich neue Möglichkeiten nicht entgehen

Aus dem oben Angeführten folgt noch eine weitere Regel: Wenn sich Ihnen eine Möglichkeit anbietet: Sie werden zum Essen eingeladen oder bekommen eine neue Arbeitsstelle, man schlägt Ihnen eine Reise vor – **lehnen Sie nicht so schnell ab**.

Wir sind daran gewöhnt, gleich nachdem wir eine neue Information bekommen haben, unser logisches Denken voll einzuschalten und zu bestimmen, ob wir diesen Vorschlag annehmen oder ablehnen. Sehr oft lehnen wir einen Vorschlag ab, ohne uns zu überlegen, ob es uns gut tun würde. Und es passiert auch nicht sehr selten, dass wir uns später den Kopf zerbrechen, warum wir abgesagt haben.

Die oben angeführte Regel besagt, dass Sie sich nicht so sehr beeilen sollten, nur auf Grund logischer Überlegungen abzulehnen. Wichtig ist, dass Ihr Eggregor Ihnen die Möglichkeit gibt, einen Wunsch zu erfüllen, den Sie vor langer Zeit an ihn gerichtet und schon vergessen haben. Und Sie haben diese Möglichkeit schon nicht mehr im Kopf, verzichten darauf und beleidigen damit Ihren Eggregor. Der arme „Kerl" hat womöglich ein halbes Jahr daran gearbeitet und die Erfüllung Ihres Wunsches organisiert, und Sie pfeifen wieder einmal auf ihn und all seine Leistungen.

Natürlich ist das Leben kompliziert, und auch Ihr Eggregor ist nicht allmächtig. Doch **wenn Sie wenigstens etwas unternommen haben, ist es besser, als wenn Sie wieder eine Möglichkeit für die Erfüllung Ihrer Wünsche nicht genutzt haben.**

4.5. Seien Sie stark!

Leider hat die technische Revolution, den Menschen zu sehr verwöhnt und erlaubte es ihm nicht, seine natürlichen Fähigkeiten weiter zu entwickeln. Das betrifft unsere Wahrnehmungsfähigkeiten und unsere Gesundheit. Es gibt nur wenige Menschen, die irgendwelche speziellen Übungen und Systeme zum Wohle der Gesundheit anwenden. Die Fähigkeiten und das energetische Potenzial des modernen Menschen, der keine speziellen Techniken wie Yoga oder Qigong beherrscht, sind beschränkt. Aber **das Niveau unserer Energie bestimmt, wer unsere Wünsche ausführt.**

Menschen, die sich von den anderen in ihren Untugenden nicht unterscheiden, - und das trifft auf die meisten von uns zu – stehen mit den Eggregoren des mittleren Niveaus in Wechselwirkung. Diese Eggregore ermöglichen ihnen normale Lebensbedingungen (eine Wohnung, ein Auto), Studium, Hobbys (Ferienhaus, Sport), Familienwohlstand usw. Diese Menschen sind nicht besonders liebenswürdig zu den anderen und versuchen nichts Neues in ihrem Leben. Sie sind mit ihrer Lebensweise, ihrem sicheren Arbeitsplatz mit bestimmten Pflichten und einem Einkommen zufrieden, wenn sie es auch nicht zugeben.

Wenn der Mensch mit solch einer Existenz wirklich nicht zufrieden ist, so versucht er etwas Neues in jeder Tätigkeit zu entdecken oder er unterscheidet sich von den anderen durch seine Liebe gegenüber den Menschen oder der Natur. Solche Menschen befinden sich unter einem besonderen Schutz der höheren Eggregore der Kunst, Wissenschaft, Barmherzigkeit, Liebe zum Nächsten usw.

Und dann gibt es noch Menschen, die mit den höchsten und kräftigsten Eggregoren in Verbindung stehen. Solche Menschen können tatsächlich Wunder vollbringen und werden als Propheten gepriesen, es sind die mächtigsten Meister der Geschehensgestaltung. Wie Sie verstehen, sind das Menschen mit einem leeren Karmagefäß, und solche kümmern sich gar nicht darum, was einem normalen Menschen Sorgen bereitet – Geld, Politik, Lebensbedingungen, Beziehungen zu anderen Menschen usw. Sie haben die Möglichkeit alles zu bekommen, was sich ein normaler Mensch so sehr wünscht, doch sie können es nicht gebrauchen. Aber davon haben wir schon berichtet.

Emotionale Ausbrüche sind sehr wichtig

Auch einige „normale“ Menschen haben eine Energetik wie die Propheten. Aber leider, oder zum Glück, nur **während sehr starker emotionaler Ausbrüche**.

Die stärksten Emotionsausbrüche hängen mit Angst zusammen, mit den Momenten, in denen das Leben tatsächlich in Gefahr ist. Leider werden sich die Menschen nicht bewusst, dass sie dann eine hohe Energetik haben, wenn sie vor einem Hund weglaufen und über den Zaun klettern, und dass sie diese Energie auf höhere Ziele hätten richten können.

Weniger starke energetische Ausbrüche hängen mit großer Freude, Zorn oder Liebe zusammen. In diesen Momenten vergessen die Menschen all ihre Probleme und Wünsche und geben sich ganz den Emotionen hin. Wenn der Mensch ständig seine Probleme im Kopf hat, so wird er keine starken Emotionen haben und dementsprechend wird er auch die Geschehensgestaltung nicht beschleunigen können. Darin liegen gerade der Schlüssel und die Schwierigkeit der Geschehensgestaltung.

Einige Autoren meinen daher, dass man die energetischen Ausbrüche, die durch den sexuellen Kontakt erzeugt werden, zum Zwecke der „Bestellung“ des Erwünschten anwenden könnte. Einer der Partner (der weniger emotionale) sollte in seinem Kopf die “Bestellung” für den Moment bereithalten, in dem es zum Höhepunkt des sexuellen Kontakts kommt. Damit moduliert sich die verbrauchte sexuelle Energie, das heißt, sie wird zum Träger der "Bestellung". Und wer erhält diese "Bestellung" – natürlich die Eggregore der Liebe und der Sexualität. Diese beginnen die "Bestellung" zu erfüllen, entweder selbst oder mit Hilfe anderer Eggregore ihres Niveaus.

Speichern Sie die Energie

Wie bereits erwähnt, hat ein moderner Stadteinwohner, der sich viele Sorgen wegen der andauernden Probleme macht und sich wenig bewegt, fast keine energetischen Reserven. Dabei kann sein schwaches Signal an den Eggregor leicht im Strom ebenfalls schwacher Signale untergehen. Um gehört zu werden, müsste er also schreien! Das ist nur möglich, wenn er alle Emotionen und Überlegungen bei Seite legt und im Moment der "Bestellung" seine gesamte Energie nutzt. Das lässt sich machen, aber es ist nicht leicht.

Speichern Sie die Energie und wenden Sie diese zielgerichtet an!

Das heißt, wenn Sie sich ein Ziel wählen und die Wege der Verwirklichung schon wissen, so müssen Sie sich mit all Ihrer Energie an die Höhere Gewalt mit Bitte um Hilfe richten. Das können Sie nur dann tun, wenn Sie durch spezielle Techniken und Übungen Ihre Energetik steigern können. Oder Sie speichern Ihre Energie und wenden diese dann auf einmal an, eben wenn Sie sich mit der Bitte um Hilfe an Ihren Beschützer wenden, kurz und bündig. Je stärker Ihre innere Energetik ist, desto schneller werden Ihre Wünsche wahr.

4.6. Hasten Sie nicht!

Wenn Sie dem Prinzip folgen, dann bedeutet es, dass **Sie nicht hasten sollen, wenn Ihnen etwas im Leben nicht gelingt!** Sie können zwar meinen, dass Missgeschicke und Unfälle Sie das ganze Leben lang begleiten, aber es kann ganz anders um die Dinge stehen.

Vielleicht passieren all diese Situationen, nur damit Sie den Ausgang aus diesen Situationen zu finden lernen, und dieses erworbene Können wird Ihnen dann auch später im Leben helfen. Wahrscheinlich entsprechen Ihre Wünsche nicht Ihrem realen Potenzial, deswegen können diese in nächster Zukunft auch nicht verwirklicht werden. Zum Beispiel wollen Sie Vorsitzender einer Firma werden, und dabei sind Sie sehr schüchtern und mögen gar kein Geld. Diese Wünsche sind ohne ein bestimmtes Training nicht erfüllbar, und nur Ihr Unterbewusstsein kann Ihnen dabei helfen, die Ziele für heute zu bestimmen. Deswegen versuchen Sie einfach, **Ihrem Schicksal Glauben zu schenken und dankbar all das anzunehmen, was mit Ihnen passiert**. Sie dürfen sich auch auf keinen Fall im Herzen beleidigt fühlen, wenn Sie keine Zuneigung der Höheren Gewalt spüren. Lieber sollten Sie sich an die karmische Grundanforderung halten.

Missgeschicke sind Mittel für Ihre Rettung

Unser Schicksal rettet uns sehr oft vor Unglücksfällen und bereitet uns je nach Füllgrad des Karmagefäßes kleinere Unannehmlichkeiten. Und wir mit unserem Egoismus meinen dann, wir wären die Unglücklichsten auf der Welt. Unser Leben ist dermaßen kompliziert, dass es für uns in seiner ganzen Fülle nicht erfahrbar ist. Es bleibt uns also nur eines: in jedem Ereignis das Wohlwollen des Schicksals zu sehen, ganz nach dem Sprichwort: Alles was geschieht, geschieht zu unserem Besten.

Wir appellieren also an Ihre Gelassenheit und raten Ihnen **keine raschen und unerwarteten Schritte in Bezug auf andere zu unternehmen, denn:**

Sie sind mit allen verbunden

Wenn Sie irgendwelche raschen Handlungen unternehmen, die für die Person, auf die sie gerichtet waren, unerwartet kommen, passiert Folgendes.

Der andere Mensch handelt Ihrer Meinung nach falsch und deshalb ergreifen Sie Maßnahmen, die Ihnen richtig erscheinen. **In Wirklichkeit aber, wie wir schon erwähnt haben, ist jeder Mensch durch unsichtbare Fäden mit verschiedenen Eggregoren verbunden** und seine Handlungen sind Folgen abgestimmter Handlungen dieser Eggregore. Dementsprechend hat jeder Eggregor seinen eigenen Plan, wie er diesen Menschen in Zukunft lenken wird.

Wenn Sie unerwartet irgendetwas unternehmen, so mischen Sie sich in die feineren Verbindungen ein, stören diese oder zerstören sie sogar. Damit provozieren Sie die Gereiztheit einiger Eggregore, die unangenehme Folgen für Sie haben könnte. Gut bloß, wenn Sie Ihre Schritte mit Ihrem hohen und starken Beschützer abgesprochen haben, so kann er die Unzufriedenheit der anderen Eggregore "stillen".

Die meisten von Ihnen können sich wahrscheinlich an ein derart abruptes Ende der Beziehung zu einem anderen Menschen erinnern. Und höchstwahrscheinlich traten bei Ihnen kurz danach Probleme auf, die Ihrer Meinung nach mit dem Beziehungsabbruch gar nichts zu tun hatten. Jetzt haben Sie die Möglichkeit, das Ganze aus der Sicht unserer Methodik noch einmal zu betrachten.

4.7. Gott hat keine anderen Hände als Ihre!

Eggregore sind Wesen einer astralen und mentalen Art, sie bestehen aus dem Stoff, den wir durch unsere Überlegungen und Emotionen aussondern. Wie Sie wahrscheinlich schon bemerkt haben, ist dieser Stoff (wenn es ihn überhaupt gibt) eine sehr flüchtige Substanz. Deshalb können Eggregore, egal wie stark sie sind, nicht einmal ein Staubkörnchen aufhalten. Ihre Hände sind die der Menschen und ihre Instrumente sind die Gedanken, die sie an uns senden.

Damit sich ein Geschehnis gestalten lässt, müssen Eggregore zuerst ihre Schritte planen, denn wir Menschen sind sehr stur und wollen unsere Handlungen nach unserem eigenen Plan ablaufen lassen.

Doch Sie müssen zugeben: **Die Höhere Gewalt wird Ihnen dann besser helfen können, wenn Sie das tun, was die Höhere Gewalt beabsichtigt hat.**

Zum Beispiel suchen Sie sehnlichst einen Ehemann (eine Ehefrau), entwerfen nach allen Regeln unserer Methodik Ihren Wunsch und warten auf die Ausführung der „Bestellung“. Sie müssen Ihrem Beschützer bei der Erfüllung dieses Wunsches aber reale Hilfe leisten. Nachdem Sie Ihren Wunsch geäußert haben, müssen Sie Ihren Bekanntenkreis vergrößern, aktiver den Einladungen nachgehen, Ausstellungen, Konzerte und Geburtstage besuchen, damit es Ihrem Eggregor leichter fällt, eine Begegnung für Sie zu organisieren. Wenn Sie aber die ganze Zeit zu Hause hocken und sich von allen Männern (Frauen) fernhalten, wie soll es dann dazu kommen?

Wenn Sie den Eggregor um Geld bitten, so sollten Sie nicht zu Hause sitzen und warten, bis jemand Ihnen einen Koffer voll Geld bringt. Es sei denn, Sie hatten mit Ihrem Energieausbruch den Himmel dermaßen “wachgerüttelt”, dass die Eggregore alle ihre Sorgen vergaßen und „losrannten“, um Ihre Bestellung auszuführen. Haben Sie denn so viel Kraft? Höchstwahrscheinlich nicht.

Deshalb müssen Sie, wenn Sie Geld fordern, reale Schritte unternehmen um mehr zu verdienen. Wenn Sie sich, zum Beispiel, eine große Geldsumme gewünscht haben, können Sie Ihrem Eggregor dadurch helfen, dass Sie wenigstens ab und zu Lottoscheine kaufen oder an Veranstaltungen teilnehmen, bei denen ein großer Gewinn möglich ist. Und Ihr Eggregor wird schon dafür sorgen, dass das verdiente oder gewonnene Geld Ihren Anforderungen entspricht.

Das sind also die Grundprinzipien für die Organisation des menschlichen Denkens, für konfliktlose Wechselwirkungen mit der Umwelt und Freundschaft mit den Vertretern der Höheren Gewalt.

SCHLUSSFOLGERUNGEN

1. *Der beste Weg für das Erreichen gesetzter Ziele ist die Hilfe der Höheren Gewalt.*
2. *Solche Hilfe können Wesen der astral-mentalen Art, die so genannten Eggregore, leisten.*
3. *Damit die Verbindung zu den Eggregoren einen maximalen Effekt erzielt, muss der Mensch in seinem Leben die sieben oben aufgeführten Grundprinzipien der Methodik der Geschehensgestaltung einhalten.*

ZUM ABSCHLUSS

Hiermit endet unser Buch. Natürlich haben wir es nicht geschafft, Ihnen alles zu erzählen. Wenige Beispiele und Erklärungen, fast keine Übungen. Aber wir hoffen, dass wir Ihnen die Grundideen der Methodik des Vernünftigen Lebens beibringen konnten. Wir hoffen auch, dass Sie in unserem Buch etwas Nutzbares für sich finden und einen anderen Blick auf einige Geschehnisse Ihres Lebens werfen konnten.

Suchen Sie weiter!

Wahrscheinlich hat einiges bei Ihnen Zweifel hervorgerufen oder Sie haben einen Widerspruch gesehen im Vergleich zu dem, was Sie vorher gelesen und gewusst haben. **Beschränken Sie sich nicht nur auf das Lesen des Buches**. Das wird zwar auch seinen Effekt haben, aber freilich einen schwachen. Versuchen Sie sich wenigstens zwei-drei Monate lang von unseren Ideen und Empfehlungen leiten zu lassen. Wenn Sie dann zu keinen Resultaten kommen, dann suchen Sie nach etwas anderem.

Suchen Sie beständig weiter! Wir tun es auch. Die Zwischenergebnisse unserer Suche haben wir in diesem Buch festgehalten.

Unsere Methodik erklärt nicht alles

Am Anfang unseres Buches haben wir erzählt, dass wir nur die häufigsten Situationen im Leben der Menschen betrachten. Aus dem Rahmen der vorgeschlagenen Theorie fallen unter anderem solche Situationen wie der Tod eines Säuglings oder Kindes, Massensterben von Menschen durch Katastrophen, Naturkatastrophen oder Terroranschläge. Es ist ganz klar, dass nicht alle dieser Menschen ein überfülltes Karmagefäß gehabt haben können, und dennoch sind sie alle – unserer Meinung nach – vorzeitig ums Leben gekommen.

Mögliche Fortsetzung

Wir kennen nun die Grundprinzipien, die der Mensch einhalten soll, wenn er die Hilfe der Höheren Gewalt erhalten will. Reicht es denn aus, diese nur zu kennen und zu versuchen, sie im Leben umzusetzen? Unsere Erfahrung zeigt, dass viele Menschen auf diesem Wege einer Unterstützung bedürfen. Sie müssen praktisch lernen, ihre Energetik zu steigern, die Quellen für ihre innere Verspannung zu entdecken, ihre karmischen Aufgaben zu definieren, sich gegen negative Einflüsse (auch seitens Eggregore und anderer astraler Wesen) zu schützen und im realen Leben so zu handeln, dass jedes gesetzte Ziel erreichbar wird.

Beherrschung der Methodik der Geschehensgestaltung

Im Rahmen unserer Methodik der Geschehensgestaltung wenden wir in unseren Seminaren praktische Übungen zu folgenden Techniken an:

- Entspannung der Körpermuskulatur;
- Unterbrechung des Gedankenkreislaufes;
- Bestimmung der Quellen der inneren Spannungen und Beseitigung der Unruhe;
- Bestimmung realer Lebensziele;
- Steigerung der inneren Energetik und der Selbstsicherheit;
- Veränderung der eigenen Lebenshaltung;
- Verbesserung der Lebensumstände.

Ein weiterer Aspekt unserer Methodik ist der richtige Umgang mit Ihren himmlischen Helfern. Wie wir bereits erwähnten, ist die Struktur der Feinen Welt sehr kompliziert. Eigentlich ist Ihr karmischer Körper Ihr Beschützer, der Ihnen den „bar-

barischen“ Umgang mit den höheren Sphären verwehrt, solange Sie mit eigenen Problemen zu sehr beschäftigt und zu einem „feinen“ Umgang noch nicht fähig sind. Doch da in unserer Welt (oder besser – Welten) alles verbunden ist, ist die Wechselwirkung mit den höheren oder niederen Schichten der Feinen Welt, wenn auch unbewusst, stets vorhanden.

Auch von den Weltreligionen wird die Kommunikation mit der Höheren Gewalt nicht nur erlaubt, sondern angestrebt. „Denn wer da bittet, der empfängt; und wer da sucht, der findet; und wer da anklopft, dem wird aufgetan“, lesen wir im Neuen Testament.

Die Nutzbarmachung der Höheren Gewalt ist eine an sich zulässige und günstige Sache. Und unsere Methodik ist – anders gesehen – ein Nachschlagwerk zur Anwendung der Gebote unserer Himmlischen Lehrer. Damit Sie aber nicht unter eine zielgerichtete oder zufällige negative Einwirkung seitens der Eggregore oder anderer Wesen des unteren Astrales geraten, sollten Sie bestimmte Regeln der sogenannten Sicherheitstechnik beachten. Wir formulierten drei Grundregeln:

- Nutzen Sie die Verbindung mit den Eggregoren nie für schlechte Zwecke und negative Wünsche aus.
- Treten Sie in keine Konflikte ein, sonst wird Sie die Höhere Gewalt nicht mehr beschützen.
- Sprechen Sie von den künftigen Geschehnissen nur als von Möglichkeiten und nie in einer bekräftigenden Form.

Auch zur Vertiefung dieser Sicherheitsregeln gibt es bestimmte Übungen.

Es gibt also noch viel zu lernen, mehr dazu vielleicht in unserem nächsten Buch...

Wir wünschen Ihnen viel Erfolg auf dem Weg zum Vernünftigen Leben!

Verlag Wega e. K.
Neufelderstraße 1
D-67468 Frankeneck

Tel: (49)06325-1840301
Fax: (49)06325-980997
e-mail: wega@verlag-wega.de
www.verlag-wega.de